U0065223

心一堂術數古籍珍本叢刊

書名：批注地理四秘全書十二種（一）
系列：心一堂術數古籍珍本叢刊　第一輯　堪輿類　58
作者：【清】尹有本
主編、責任編輯：陳劍聰
心一堂術數古籍珍本叢刊編校小組：陳劍聰　素聞　梁松盛　鄒偉才　虛白盧主

出版：心一堂有限公司
通訊地址：香港九龍旺角彌敦道六一〇號荷李活商業中心十八樓〇五—〇六室
深港讀者服務中心：中國深圳市羅湖區立新路六號羅湖商業大廈負一層〇〇八室
電話號碼：(852)67150840
網址：publish.sunyata.cc
電郵：sunyatabook@gmail.com
網店：http://book.sunyata.cc
淘寶店地址：https://shop210782774.taobao.com
微店地址：https://weidian.com/s/1212826297
臉書：https://www.facebook.com/sunyatabook
讀者論壇：http://bbs.sunyata.cc/

版次：二零一五年五月初版
平裝：四冊不分售

定價：港幣　八百八十元正
　　　人民幣　八百八十元正
　　　新台幣　三千五百元正

國際書號：ISBN 978-988-8266-90-6

香港發行：香港聯合書刊物流有限公司
地址：香港新界大埔汀麗路36號中華商務印刷大廈3樓
電話號碼：(852)2150-2100
傳真號碼：(852)2407-3062
電郵：info@suplogistics.com.hk

台灣發行：秀威資訊科技股份有限公司
地址：台灣台北市內湖區瑞光路七十六巷六十五號一樓
電話號碼：+886-2-2796-3638
傳真號碼：+886-2-2796-1377
網絡書店：www.bodbooks.com.tw
台灣國家書店讀者服務中心：
地址：台灣台北市中山區松江路二〇九號一樓
電話號碼：+886-2-2518-0207
傳真號碼：+886-2-2518-0778
網絡書店：http://www.govbooks.com.tw

中國大陸發行　零售：深圳心一堂文化傳播有限公司
深圳地址：深圳市羅湖區立新路六號羅湖商業大廈負一層〇〇八室
電話號碼：(86)0755-82224934

心一堂微店二維碼

心一堂淘寶店二維碼

心一堂術數古籍 珍本 整理 叢刊 總序

術數定義

術數，大概可謂以「推算（推演）、預測人（個人、群體、國家等）、事、物、自然現象、時間、空間方位等規律及氣數，並或通過種種『方術』，從而達致趨吉避凶或某種特定目的」之知識體系和方法。

術數類別

我國術數的內容類別，歷代不盡相同，例如《漢書・藝文志》中載，漢代術數有六類：天文、曆譜、五行、蓍龜、雜占、形法。至清代《四庫全書》，術數類則有：數學、占候、相宅相墓、占卜、命書、相書、陰陽五行、雜技術等，其他如《後漢書・方術部》、《藝文類聚・方術部》、《太平御覽・方術部》等，對於術數的分類，皆有差異。古代多把天文、曆譜、及部分數學均歸入術數類，而民間流行亦視傳統醫學作為術數的一環；此外，有些術數與宗教中的方術亦往往難以分開。現代民間則常將各種術數歸納為五大類別：命、卜、相、醫、山，通稱「五術」。

本叢刊在《四庫全書》的分類基礎上，將術數分為九大類別：占筮、星命、相術、堪輿、選擇、三式、讖諱、理數（陰陽五行）、雜術（其他）。而未收天文、曆譜、算術、宗教方術、醫學。

術數思想與發展——從術到學，乃至合道

我國術數是由上古的占星、卜筮、形法等術發展下來的。其中卜筮之術，是歷經夏商周三代而通過「龜卜、蓍筮」得出卜（筮）辭的一種預測（吉凶成敗）術，之後歸納並結集成書，此即現傳之《易

經》。經過春秋戰國至秦漢之際，受到當時諸子百家的影響、儒家的推崇，遂有《易傳》等的出現，原本是卜筮術書的《易經》，被提升及解讀成有包涵「天地之道（理）」之學。因此，《易・繫辭傳》曰：「易與天地準，故能彌綸天地之道。」

漢代以後，易學中的陰陽學說，與五行、九宮、干支、氣運、災變、律曆、卦氣、讖緯、天人感應說等相結合，形成易學中象數系統。而其他原與《易經》本來沒有關係的術數，如占星、形法、選擇，亦漸漸以易理（象數學說）為依歸。《四庫全書・易類小序》云：「術數之興，多在秦漢以後。要其旨，不出乎陰陽五行，生剋制化。實皆《易》之支派，傅以雜說耳。」至此，術數可謂已由「術」發展成「學」。

及至宋代，術數理論與理學中的河圖洛書、太極圖、邵雍先天之學及皇極經世等學說給合，通過術數以演繹理學中「天地中有一太極，萬物中各有一太極」（《朱子語類》）的思想。術數理論不單已發展至十分成熟，而且也從其學理中衍生一些新的方法或理論，如《梅花易數》、《河洛理數》等。

在傳統上，術數功能往往不止於僅僅作為趨吉避凶的方術，及「能彌綸天地之道」的學問，亦有其「修心養性」的功能，「與道合一」（修道）的內涵。《素問・上古天真論》：「上古之人，其知道者，法於陰陽，和於術數。」數之意義，不單是外在的算數、歷數、氣數，而是與理學中同等的「道」、「理」--心性的功能，北宋理氣家邵雍對此多有發揮：「聖人之心，是亦數也」、「萬化萬事生乎心」、「心為太極」。《觀物外篇》：「先天之學，心法也。……蓋天地萬物之理，盡在其中矣，心一而不分，則能應萬物。」反過來說，宋代的術數理論，受到當時理學、佛道及宋易影響，認為心性本質上是等同天地之太極。天地萬物氣數規律，能通過內觀自心而有所感知，即是內心也已具備有術數的推演及預測、感知能力；相傳是邵雍所創之《梅花易數》，便是在這樣的背景下誕生。

《易・文言傳》已有「積善之家，必有餘慶；積不善之家，必有餘殃」之說，至漢代流行的災變說及讖緯說，我國數千年來都認為天災，異常天象（自然現象），皆與一國或一地的施政者失德有關；下至家族、個人之盛衰，也都與一族一人之德行修養有關。因此，我國術數中除了吉凶盛衰理數之外，人心的德行修養，也是趨吉避凶的一個關鍵因素。

術數與宗教、修道

在這種思想之下，我國術數不單只是附屬於巫術或宗教行為的方術，又往往是一種宗教的修煉手段--通過術數，以知陰陽，乃至合陰陽（道）。「其知道者，法於陰陽，和於術數。」例如，「奇門遁甲」術中，即分為「術奇門」與「法奇門」兩大類。「法奇門」中有大量道教中符籙、手印、存想、內煉的內容，是道教內丹外法的一種重要外法修煉體系。甚至在雷法一系的修煉上，亦大量應用了術數內容。此外，相術、堪輿術中也有修煉望氣（氣的形狀、顏色）的方法；堪輿家除了選擇陰陽宅之吉凶外，也有道教中選擇適合修道環境（法、財、侶、地中的地）的方法，以至通過堪輿術觀察天地山川陰陽之氣，亦成為領悟陰陽金丹大道的一途。

易學體系以外的術數與的少數民族的術數

我國術數中，也有不用或不全用易理作為其理論依據的，如揚雄的《太玄》、司馬光的《潛虛》。也有一些占卜法、雜術不屬於《易經》系統，不過對後世影響較少而已。

外來宗教及少數民族中也有不少雖受漢文化影響（如陰陽、五行、二十八宿等學說。）但仍自成系統的術數，如古代的西夏、突厥、吐魯番等占卜及星占術，藏族中有多種藏傳佛教占卜術、苯教占卜術、擇吉術、推命術、相術等；北方少數民族有薩滿教占卜術；不少少數民族如水族、白族、布朗族、佤族、彝族、苗族等，皆有占雞（卦）草卜、雞蛋卜等術，納西族的占星術、占卜術，彝族畢摩的推命術、占卜術……等等，都是屬於《易經》體系以外的術數。相對上，外國傳入的術數以及其理論，對我國術數影響更大。

曆法、推步術與外來術數的影響

我國的術數與曆法的關係非常緊密。早期的術數中，很多是利用星宿或星宿組合的位置（如某星在某州或某宮某度）付予某種吉凶意義，并據之以推演，例如歲星（木星）、月將（某月太陽所躔之宮次）等。不過，由於不同的古代曆法推步的誤差及歲差的問題，若干年後，其術數所用之星辰的位置，已與真實星辰的位置不一樣了；此如歲星（木星），早期的曆法及術數以十二年為一周期（以應地支），與木星真實周期十一點八六年，每幾十年便錯一宮。後來術家又設一「太歲」的假想星體來解決，是歲星運行的相反，週期亦剛好是十二年。而術數中的神煞，很多即是根據太歲的位置而定。又如六壬術中的「月將」，原是立春節氣後太陽躔娵訾之次而稱作「登明亥將」，至宋代，因歲差的關係，要到雨水節氣後太陽才躔娵訾之次，當時沈括提出了修正，但明清時六壬術中「月將」仍然沿用宋代沈括修正的起法沒有再修正。

由於以真實星象周期的推步術是非常繁複，而且古代星象推步術本身亦有不少誤差，大多數術數除依曆書保留了太陽（節氣）、太陰（月相）的簡單宮次計算外，漸漸形成根據干支、日月等的各自起例，以起出其他具有不同含義的眾多假想星象及神煞系統。唐宋以後，我國絕大部分術數都主要沿用這一系統，也出現了不少完全脫離真實星象的術數，如《子平術》、《紫微斗數》、《鐵版神數》等。後來就連一些利用真實星辰位置的術數，如《七政四餘術》及選擇法中的《天星選擇》，也已與假想星象及神煞混合而使用了。

隨着古代外國曆（推步）、術數的傳入，如唐代傳入的印度曆法及術數，元代傳入的回回曆等，其中我國占星術便吸收了印度占星術中羅睺星、計都星等而形成四餘星，又通過阿拉伯占星術而吸收了其中來自希臘、巴比倫占星術的黃道十二宮、四大（四元素）學說（地、水、火、風），並與我國傳統的二十八宿、五行說、神煞系統並存而形成《七政四餘術》。此外，一些術數中的北斗星名，不用我國傳統的星名：天樞、天璇、天璣、天權、玉衡、開陽、搖光，而是使用來自印度梵文所譯的：貪狼、巨門、祿存、文曲，廉貞、武曲、破軍等，此明顯是受到唐代從印度傳入的曆法及占星術所影響。如星命術中的《紫微斗數》及堪輿術中的《撼龍經》等文獻中，其星皆用印度譯名。及至清初《時憲曆》，置閏之法則改用西法「定氣」。清代以後的術數，又作過不少的調整。

此外，我國相術中的面相術、手相術，唐宋之際受印度相術影響頗大，至民國初年，又通過翻譯歐西、日本的相術書籍而大量吸收歐西相術的內容，形成了現代我國坊間流行的新式相術。

陰陽學——術數在古代、官方管理及外國的影響

術數在古代社會中一直扮演着一個非常重要的角色，影響層面不單只是某一階層、某一職業、某一年齡的人，而是上自帝王，下至普通百姓，從出生到死亡，不論是生活上的小事如洗髮、出行等，大事如建房、入伙、出兵等，從個人、家族以至國家，從天文、氣象、地理到人事、軍事，從民俗、學術到宗教，都離不開術數的應用。我國最晚在唐代開始，已把以上術數之學，稱作陰陽（學），行術數者稱陰陽人。（敦煌文書、斯四三二七唐《師師漫語話》：「以下說陰陽人謾語話」，此說法後來傳入日本，今日本人稱行術數者為「陰陽師」）。一直到了清末，欽天監中負責陰陽術數的官員中，以及民間術數之士，仍名陰陽生。

古代政府的中欽天監（司天監），除了負責天文、曆法、輿地之外，亦精通其他如星占、選擇、堪輿等術數，除在皇室人員及朝庭中應用外，也定期頒行日書、修定術數，使民間對於天文、日曆用事吉凶及使用其他術數時，有所依從。

我國古代政府對官方及民間陰陽學及陰陽官員，從其內容、人員的選拔、培訓、認證、考核、律法監管等，都有制度。至明清兩代，其制度更為完善、嚴格。

宋代官學之中，課程中已有陰陽學及其考試的內容。（宋徽宗崇寧三年〔一一零四年〕崇寧算學令：「諸學生習……並曆算、三式、天文書。」「諸試……三式即射覆及預占三日陰陽風雨。天文即預

定一月或一季分野災祥，並以依經備草合問為通。」

金代司天臺，從民間「草澤人」（即民間習術數人士）考試選拔：「其試之制，以《宣明曆》試推步，及《婚書》、《地理新書》試合婚、安葬，並《易》筮法，六壬課、三命、五星之術。」（《金史》卷五十一・志第三十二・選舉一）

元代為進一步加強官方陰陽學對民間的影響、管理、控制及培育，除沿襲宋代、金代在司天監掌管陰陽學及中央的官學陰陽學課程之外，更在地方上增設陰陽學課程（《元史・選舉志一》：「世祖至元二十八年夏六月始置諸路陰陽學。」）地方上也設陰陽學教授員，培育及管轄地方陰陽人。（《元史・選舉志一》：「（元仁宗）延祐初，令陰陽人依儒醫例，於路、府、州設教授員，凡陰陽人皆管轄之，而上屬於太史焉。」）自此，民間的陰陽術士（陰陽人），被納入官方的管轄之下。

至明清兩代，陰陽學制度更為完善。中央欽天監掌管陰陽學，明代地方縣設陰陽學正術，各州設陰陽學典術，各縣設陰陽學訓術。陰陽人從地方陰陽學肆業或被選拔出來後，再送到欽天監考試。（《大明會典》卷二二三：「凡天下府州縣舉到陰陽人堪任正術等官者，俱從吏部送（欽天監），考中，送回選用；不中者發回原籍為民，原保官吏治罪。」）清代大致沿用明制，凡陰陽術數之流，悉歸中央欽天監及地方陰陽官員管理、培訓、認證。至今尚有「紹興府陰陽印」、「東光縣陰陽學記」等明代銅印，及某某縣某某之清代陰陽執照等傳世。

清代欽天監漏刻科對官員要求甚為嚴格。《大清會典》「國子監」規定：「凡算學之教，設肄業生。滿洲十有二人，蒙古、漢軍各六人，於各旗官學內考取。漢十有二人，於舉人、貢監生童內考取。附學生二十四人，由欽天監選送。教以天文演算法諸書，五年學業有成，舉人引見以欽天監博士用，貢監生童以天文生補用。」學生在官學肄業、貢監生肄業或考得舉人後，經過了五年對天文、算法、陰陽學的學習，其中精通陰陽術數者，會送往漏刻科。而在欽天監供職的官員，《大清會典則例》「欽天監」規定：「本監官生三年考核一次，術業精通者，保題升用。不及者，停其升轉，再加學習。如能黽勉供職，即予開復。仍不及者，降職一等，再令學習三年，能習熟者，准予開復，仍不能者，黜退。」除定期考核以定其升用降職外，《大清律例》中對陰陽術士不準確的推斷（妄言禍福）是要治罪的。《大清律例・一七八・術七・妄言禍福》：「凡陰陽術士，不許於大小文武官員之家妄言禍福，違者杖一百。其依經推算星命卜課，不在禁限。」大小文武官員延請的陰陽術士，自然是以欽天監漏刻科官員或地方陰陽官員為主。

官方陰陽學制度也影響鄰國如朝鮮、日本、越南等地，一直到了民國時期，鄰國仍然沿用着我國的多種術數。而我國的漢族術數，在古代甚至影響遍及西夏、突厥、吐蕃、阿拉伯、印度、東南亞諸國。

術數研究

術數在我國古代社會雖然影響深遠，「是傳統中國理念中的一門科學，從傳統的陰陽、五行、九宮、八卦、河圖、洛書等觀念作大自然的研究。……傳統中國的天文學、數學、煉丹術等，要到上世紀中葉始受世界學者肯定。可是，術數還未受到應得的注意。術數在傳統中國科技史、思想史，文化史、社會史，甚至軍事史都有一定的影響。……更進一步了解術數，我們將更能了解中國歷史的全貌。」（何丙郁《術數、天文與醫學中國科技史的新視野》，香港城市大學中國文化中心。）

可是術數至今一直不受正統學界所重視，加上術家藏秘自珍，又揚言天機不可洩漏，「（術數）乃吾國科學與哲學融貫而成一種學說，數千年來傳衍嬗變，或隱或現，全賴一二有心人為之繼續維繫，賴以不絕，其中確有學術上研究之價值，非徒癡人說夢，荒誕不經之謂也。其所以至今不能在科學中成立一種地位者，實有數因。蓋古代士大夫階級目醫卜星相為九流之學，多恥道之；而發明諸大師又故為惝恍迷離之辭，以待後人探索；間有一二賢者有所發明，亦秘莫如深，既恐洩天地之秘，復恐譏為旁門左道，始終不肯公開研究，成立一有系統說明之書籍，貽之後世。故居今日而欲研究此種學術，實一極困難之事。」（民國徐樂吾《子平真詮評註》，方重審序）

現存的術數古籍，除極少數是唐、宋、元的版本外，絕大多數是明、清兩代的版本。其內容也主要是明、清兩代流行的術數，唐宋或以前的術數及其書籍，大部分均已失傳，只能從史料記載、出土文獻、敦煌遺書中稍窺一鱗半爪。

術數版本

坊間術數古籍版本，大多是晚清書坊之翻刻本及民國書賈之重排本，其中豕亥魚魯，或任意增刪，往往文意全非，以至不能卒讀。現今不論是術數愛好者，還是民俗、史學、社會、文化、版本等學術研究者，要想得一常見術數書籍的善本、原版，已經非常困難，更遑論如稿本、鈔本、孤本等珍稀版本。在文獻不足及缺乏善本的情況下，要想對術數的源流、理法、及其影響，作全面深入的研究，幾不可能。

有見及此，本叢刊編校小組經多年努力及多方協助，在海內外搜羅了二十世紀六十年代以前漢文為主的術數類善本、珍本、鈔本、孤本、稿本、批校本等數百種，精選出其中最佳版本，分別輯入兩個系列：

一、心一堂術數古籍珍本叢刊

二、心一堂術數古籍整理叢刊

前者以最新數碼（數位）技術清理、修復珍本原本的版面，更正明顯的錯訛，部分善本更以原色彩色精印，務求更勝原本。并以每百多種珍本、一百二十冊為一輯，分輯出版，以饗讀者。

後者延請、稿約有關專家、學者，以善本、珍本等作底本，參以其他版本，古籍進行審定、校勘、注釋，務求打造一最善版本，方便現代人閱讀、理解、研究等之用。

限於編校小組的水平，版本選擇及考證、文字修正、提要內容等方面，恐有疏漏及舛誤之處，懇請方家不吝指正。

心一堂術數古籍 珍本 整理 叢刊編校小組

二零零九年七月序

二零一四年九月第三次修訂

吉安尹一勺著　經元堂藏板

四秘全書十二種

首部微驗圖考　地函辨正補義　三字

青囊　遵生真本　尹註催官　氣函天

元歌　古鏡　數函陽宅指南　得一錄

試三辨　形函十十二葬法　語

元女元字。是玄字。避聖祖仁皇帝廟諱。改書元字。以代玄字也。

四秘全書序

元女青囊。發河圖洛書之奧。黃石赤松。啓元天後天之傳。漢管晉郭。皆衍其緒。至唐邱公。書入玉函。其傳泯焉。楊曾得之。作天玉、奧語、寶照、會序、諸篇。而其心始大白於天下。宋、元、明代。朱、蔡、吳、廖、劉、賴、諸公。遞相授受。司馬頭陀。傳吾吉劉達僧。達僧傳慕講。其書則真偽淆亂。心傳幾墜。

蔣中陽子大鴻。清朝國初人也。

國初華亭蔣氏得無極之傳。實延慕師二十脉。辨正青囊。家有其書。但天元、古鏡、宅書。各卷。世無刊本。傳抄失實。偽亂百出。一勺不敏。殫心考求。發其精意。藏之篋底。不欲示人。嘉慶十年。謁　大中丞汪公於江蘇節署。見余全册。歎曰、俗師溷溷。誤人非淺。此書不秘。其造福於天下者甚不少也。亟捐金刊行云。一勺自序。

四秘全書十二種跋

天地人三才。吾儒知其並立矣。胡然於天命則能知。人性則能盡。地理竟置若罔聞耶。故遺厚載。自負通儒。學究天人。未免偏袒。慎終大事之謂何。詎得曰死骨宜瘞。其氣機全不與遺體相感通。精神終莫與血骨相憑依乎。諱言求福。理學自期。竟忽禍福已求之明訓。終天飭骸。付之肯師。良可悼歎。夫真天理。真地理。原從真理學出來。周孔朱蔡。當景從焉。但思天下僞儒。固多僞地學。亦復不少。仰觀宇宙。俯察品彙。人事昭昭。尚爾負歎。又何庸窮之杳杳天道。寘實地理與。一句於天人理學。抱憾實多。去而學地。倫閒日久。六陰全爻。分看合看。橫說豎說。肆其筆舌。細加發揮。旁通其情。比於執御。希冀有成。既竭其才。今則罷不能而從。未由耳。永寧玉笥山人尹一勺。書此篇序道之入用。宜精心會之。

四秘奇書初序

夫山水之大小高低厚薄者。其形。富貴貧賤壽夭者。其理。生旺死煞平困者。其氣。年月日時星卦者。其數也。知形而不知理。雖山川如繪。而一絲錯用。反吉為凶矣。知理而不知數。雖精光照耀。而天數未至。吉神虛設矣。知數而不知審氣。雖地運應發。而承受錯雜。天數不驗矣。業此道者。精於形知取裁精於理識貴賤精於氣知真偽精於數知時代四者俱不可偏廢也太上數其次理其次氣其次形形其理之體氣既數之用形其顯而理其隱數有常而氣無定楊曾青囊諸書言理非遺氣天元五歌等篇言氣非遺形陽宅指南等書言數非遺理蓋理寓於形氣函於形形數存乎形也後哲著述主形勢者闢數學為無用知氣

數者。指天星爲渺茫。則無綜實鮮長林。學問各成偏駁耳。此四。秘。奇。書。所由起也。補義問答著其理。古鏡五歌神其氣。指南三辨明其數。葬法精語究其形。卷帙雖約。而理頗精深。筆墨雖畧。而義已該備。得此册者。神而明之。或亦廣大高明之一助云。嘉慶元年。岢山石室尹有本一勺子書。

胞長兄克敬。侍葬父母穴左側足下。用吳內盤未山丑向。兼丁癸二分。丁未丁丑辛丑分金。其穴去父母墓碑。碑樓左門柱八尺。以父母墓前有神路三尺不許葬占。塋立葬規。侍葬左側右側均以近祖為上

光緒十七年九月十五日。安葬

父母吉穴。用蔣盤。正未山丑向。用內盤乙未乙丑分金。用外盤以井十三度、斗十七度為準。係蔣盤。上未山丑向。如丑向微兼左故此是

兄侍葬左側用未山丑兼丁癸二分

本月二十三日謹記於此書卷首

克一氏謹記

小傳

一勺子、吉安永寧人也。姓尹氏。名有本。字觀瀾。既困場屋。棄儒巾。每尋山水佳處。坐卧終日。或悲或嘯。莫知其意。性本坦宕。情躭四豪。而即及四豪以自抑者也。生平豪於酒。提杯倒吞。青花轆露。但數蕉之外。頹然面赬。雖絲竹在前。冶容在後。觥籌交酢。乃點滴不下口矣。復豪於力。與名輩角藝。

每三北其人。今多自去。故智。受以新法。然與稚孺小子為伍。有唾面自乾。術出胯下之事。竟爽然安之。又豪於譚。其怪語闊論。幾於天根可探。月窟可攝。時而訥訥端坐。若不出諸其口。且豪於書。至長幅大匾。一揮立就。於短冊小箋。略不經意。考其行事。蓋與天授之才。有生之性相左者也。其進於學問。而悟於大道者。子每自言曰、書[illegible]

記姓名而已在覸而事則兵舌為厲階三
爵成禮守吾四拙以全吾性以抱吾真而
豪何有於我哉揆厥隱衷蓋將以無量養
勇名論大筆一隱於拙者也著有四秘全
書十二種行世嘉慶十年冬應汪稼門中
丞之聘至桐城十一年應張蘭渚中丞之
聘至湖州隨應歸晚霞方伯張鹿樵侍讀
種園公翰林各聘至常熟昭文汪中丞詩

云毫釐不失神仙眼陸孝熙塟詩云道通神變化堅重浙東西有訣能傳後無山不指迷蓋紀實云時年五十歲

贊曰其山澤之癯乎抑聖世之逸乎世固莫得而知之也但見其欣然自得悠然自適順時安命若將終身焉而天既以至道付之豈偶然哉

四秘奇書十二種序

四秘書。名師一乃尹子。特爲形家創千古、懸創之規。開千古必解之義也。天下有是形。即有是理。有是理即有是氣。引是數。昧其全訣。倆柔一遇。此堪輿秘義之所以不傳於世也。坊間形家書。幾千萬種。就形論形者。失之拘泥。遠形談理者。失之渺茫。且云孚之顛倒靡常。數之順逆無定。從未有合四秘而成專書。若吾師之筆其全。而傾囊倒篋。明筆之書。以顯示了六者也。豈前哲之偶遺耶。抑於天地鬼神。獨留此秘義。以待吾師而後發耶。余讀周子太極圖。朱子中庸章句。乃人之心胸自有之本。自具之極焉。何以前聖不明創為見說。必俟周子朱子而後奮然筆舌。俾皆了鬼神伺之。今觀太極之一圈者貫形。陰陽剛柔者其理。動靜盈消若其氣。消長盈虧若其數。

秋，即周子之四秘典。天以陰陽五行化生萬物。氣以成形，而理亦賦焉。猶命令也。斯又朱子之四秘典。格物君子之書。本於周子之太極圖。朱子之中庸章句乎。推而上之。孟書之仁義禮智。周文之元亨利貞。人性四端矣。道四德。與地理四秘。猶毋同其所立義已。自堪千古。卓然不磨。非余之所私也夫。門生恒亦石拜題。

地理辨正補義自序

一勺子註地理補義尤峻。其言曰、元空大卦。大陰陽。太父媾。起星下卦。諸秘法。皆管郭楊曾。所不肯輕洩者。上亘羲之。混沌以後鑿矣。蓋青囊奧義。千載不傳。自蔣中陽子傳注以後。海内堪輿。奉一卷。其淺負道學之有緣。但苦言極灝瀚。理極精深。其秘義在乎含吐之間。俾人之胸中又各據回圓不破。一大總圜無端。以守透關此後。金針出線。盡度世人。此其心不盡了手。諺曰取地易得明師難逢。世俗羨以為商子獲一遺篇。揚公救貧也。將眼天下只一揚公。故乇道雖足重。而其譯蓋亦未必能通者。惟得精惡法。正是也。以天下之大。楊公窮究多。而乎所救不更甚哉。精義脉一出。將見太和元氣。佈滿寰區。人盡聖賢。

救貧論

一勺子曰、余在穌州鈴閣。見僞書救貧要旨。以救貧莫過於水火二者、是矣。乃解向坎離二山去。又云離火長於坎水。是蓋得聞救貧之緒餘。而未究其精義者也。賴公催官云。巽水一勺能救貧。亥山一丈可致富。辛山十丈富相親。愚註之曰、亥山一丈便可致富。若同辛山十丈。則富堪敵國矣。

但得夾山力。恐為富不仁。又不如辛山之富而好禮者也。若遇辛亥破局。辛則絕嗣乞丐。亥則虛癆損少也。巽水一勺即能救貧。若逢洋洋大潮。富貴可勝言哉。然已帶丙二三分來。或立午向。亦有冷退之弊。此等評論。全在用法合窾。方准。其中本有活動法子。而非膠柱鼓瑟者。可得與聞也。山固可以救貧。水固可以救貧。火更可以救貪。救貧亦不專在艮山辛山。且不專論巽水巳水。又何可執坎離二卦。以為典要乎。但其所言莫過於水火二者。實係砂中之金。不易定論也。夫水有形而無氣。火有氣而無形。古人稱水之應驗最速。山之應驗稍遲。而豈知火之應驗。更速於山水二者之上乎。但思水不得火來。則水是死水。山不得火來。則山是死山。隨你亥山辛山。坎山離山。與水巳水。而貧賤隨之矣。惟邀得一點真元之火。到穴則水是生水。山即活山。八方四圍山山可以致富。水水可以救貧。何但一坎、離、巽、巳、丙、辛而已耶。然則楊公何以獨名之曰救貧而不用之以催官也。豈非以隨地取裁。於天下無大結作之所。隨所指點。有水收水。有山收山。有火收火。不執一格。權取給於一時。而不深求其精竅。此則楊公救貧之秘旨。所以隨地可施。隨人可救也。稼門汪中丞曰、一元之氣。人多用於水龍。山龍多不知用也。一句子曰、火是山。山川生。活氣。山川無火是死山川。天地無火是死天地。人身無火。得不謂之窮人乎。嘗怪山水不言不笑。自有乾坤。惟能知乾。坤。真。消。息。而後能將生。成。之。山。水。擺擺布。布。渟渟。瀦瀦。之迎。合。上。天。一。點。精。

靈。之。火。大迎之。則。大。發。小迎之。則。小。發。不迎之。則。不。發。所謂主人有。禮。客。尊。貴。者。此也。此則楊公救。貧。之。訣。也。

汪稼門中丞贊張息園御史墳圖詩

虞山雄峙海之濱。湖有東西作帶襟。隱匕誰知生氣聚。纍纍匕孰向貫珠尋。墓壟不失神仙眼。謂一句子一發山即得此穴方寸無靈孝子心。此地能主意在百金公子鹿樵侍讀倍于二百千錢事載我想息園能得此。一生潛德感天深。公傳丙寅四月七日題於蘇州節署平政堂西舍。

心傳二十四種、四秘奇書五種。

江蘋鈴閣清德堂、陸先生、坊贈別詩、

獨得青囊秘。稼門中丞云、余訪天下名師多矣、未有如一勺先生者、當推本朝第一人。著書肩與齊。先生著心傳二十四種。四秘奇書五種。稱等身、書。道通神變化、望重浙東西。吳、會張蘭渚方伯、聘至湖州。指太翁壽藏。浙西歸晚霞方伯、聘至常熟。聯文。御史張息園翰林、蘊園公、各壽六、一與登山、即得吉兆。有眼快足軟之目。有訣能傳後。中丞少君俱從先生學。無山不指迷。匡廬歸棹促、何日襟重攜。

今之地師、借易義以欺人而取錢財、正是一句子訪深鄙者、

四秘全書十二種後序

俯以察於地理。先聖已有明言。著地書者。往往附會易義。以艱深文其淺陋。掞之入用直義。一毫無當。不兩失乎。一句以一得之愚。相度頗具微長。而究非真知易義者。亦素鄙傳會易理。以談地理者。迄今自揣。授受心法。與夙昔講求覺得易理。在在盡合青囊。而非以青囊。求合易理也。如所用

序首之根抵

之三元九宮天德氣數則直是河洛二圖一元太極分陰分陽直是太極兩儀取天地山澤雷風水火日月之氣以為一穴之用是先天圖用出震齊巽見離役坤之方以定一穴之位是後天圖陽中看雌陰中看雄順逆顛倒是方圖員圖相摩相盪之遺一卦分天地人三卦為用朱子云三畫已具三才是無三才而兩之故六之遺八

時順時逆

卦只用一卦三爻止用一爻是分陰分陽迭用柔剛之遺一爻作二用時順時逆是一卦三爻重之以六爻之遺也氣化是上經首乾坤形化是下經首咸恒之遺也四十八局是大衍之數五十用四十九掛一實止四十八數之遺也一局排來千百局是一分二二分三以至六十四之遺也凡此皆易之盡合青囊者易果盡合青囊則

亦不得。不就青囊以見易。又何敢矯語不傳會易理乎。似此信而有據。或可以明薄技心傳之稍真耳。若曰、以一得之真。而嘗千智之失。則大非余之居心也夫。吉安尹一句題。

地理四秘全書目錄

陽宅玉鏡

首部

徵驗圖考

尹一勺子四秘全書十二種總目

着眼

效驗說

嘗慨效驗一道。奧乎微矣。難言哉。難言哉。余見有高曾早葬。至曾元始發。雲來大發者。有祖考方葬。而子孫即發者。之二者。其常也。又有祖考墳塋。應當代即發。而本支竟蕭條。風水有鬻及於別姓者。又有妻墳應發。而福及乎本夫者。子墳應發。而福蔭乎父祖者。之三者。其變也。他若僧道乳母繼子外孫。前毋後毋。無不一氣相感通。又其變之變者也。業此道。之數者、俱不可。不知。也。余嘗走一大家。富貴功名。一鄉無兩。覆其祖墳。一毫不爽天地之正氣。殊甚平平。不覺籍口結舌。訥訥然不能出一語。不敢譽其美。并不敢翻其非。默默以退而已。或為別姓引踏。以決余之眼力者。余則據形以斷之。而分毛不驗。有面詈謬悞者。及退詢旁近長老。而始知其情也。余詢彼墳不美。而彼家發福。印證吾道。人相紕繆。古人有云。非地不真。是骨不真。殆其然與。敢告長者。以決此疑。長老張目遠視。啞然有思。曰、人称先生仙者。而今一見。而知其果不虛也。少時目見彼家一異鄉人。流寓世載。在後、此人歸里。不數年、而彼子即富。至今其子孫聲音笑貌。與此人大相彷彿。老癡懷此疑團已久。今睹名論。如暮鼓晨鐘。醒數十年聵聵矣。余始得驚。及別。姓之一道。

發大人之跡。覩交龍於其上。見於經史。理亦平常。

余又至一家。閱其祖墳。不當興。亦不當敗。止為其妻拼墳。應當代即發。在閱書。亦止載其子孫。而不意其本夫。即受厚蔭。余又

為其子孫指吉應速發而立見其祖父眼主享厚福余始得妻能蔭夫子能蔭父之一道

理本平正其事頗異

夫妻之能蔭夫也生既為夫生子復又為夫蔭身已出常情之外為耳目所罕聞子之能蔭父也有前為父承祧沒後蔭父封榮其論更出意想所不到為心胸所駃驚

叱當代即興。效驗之說。變。也。世上每有此事。世上却不信此話。至外孫乳子。宅相門楣。又從何處驗起。古有其事。良非誣也。獨僧道有衣鉢之傳。尚能延師求吉。而前毋後毋。世俗竟漠然置之。豈知靈山銅鐘。其捷應亦無異於本生毋乎。若效驗之及乎久遠者。亦其常耳。蓋指扞之福利。舉其子孫而子孫發達之際誰復廻念下葬收山出煞之功得魚忘筌天下皆然地師為常而不能享其利為變而不能居其名神仙眼力聖賢心思俱付不識不知此等衷情伊誰能白

古今誰人諒之

然此猶曰不居其功而已乃又有不能辭過之一道陰陽二宅發福之力量果大者

則其受禍之力量亦必不小。幾曾見富貴大盛之家果無衰時乎。雖延名師為之扦一二吉塋。有莫能救敗者。其家多追咎於後扦之凶。而不計循環之理。當請老墳之當退也。與曾之削也滋甚。賢者無益於人國。意正相同。然不用一二吉塋則絕敗何可得與。此各師不能辭其過。

若新扦福力與老墳相敵。則世延其祚。

矣。

外又有竊功之一道。陰陽二宅運来當盛。時尚有待。偶扦一小小吉壤。而其發勃然。俗士不解其妙。盡欣羨於小小吉壤之美。而不知老墳之應發。此庸術竟能竊其功。仙師之妙用不彰。庸術之財喜頗好。此皆余親歷三折肱而知之。願以告世之工於施驗者。

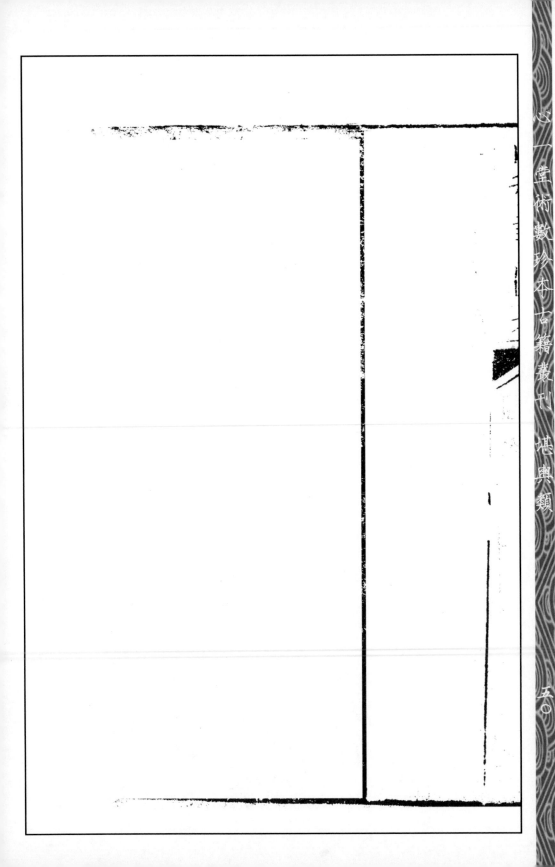

四秘全書徵驗圖考首卷

豫章尹一句著

一句子曰託之空言莫若見諸行事此春秋所以繼六經而作也春秋不據事而書總以不明道則圖形亦不必擇地而繪歸於

合。天。可。耶。或曰。人身一小天地。余亦曰。抔土一大乾坤。夫圖其貌而不能圖其神者。斲輪精粕皆是也。茲既圖其氣而并圖其用。不更與兎園冊子。大相逕庭乎。其以況諸書首者。附於圖繪。曾列篇首云。作徵驗圖考。

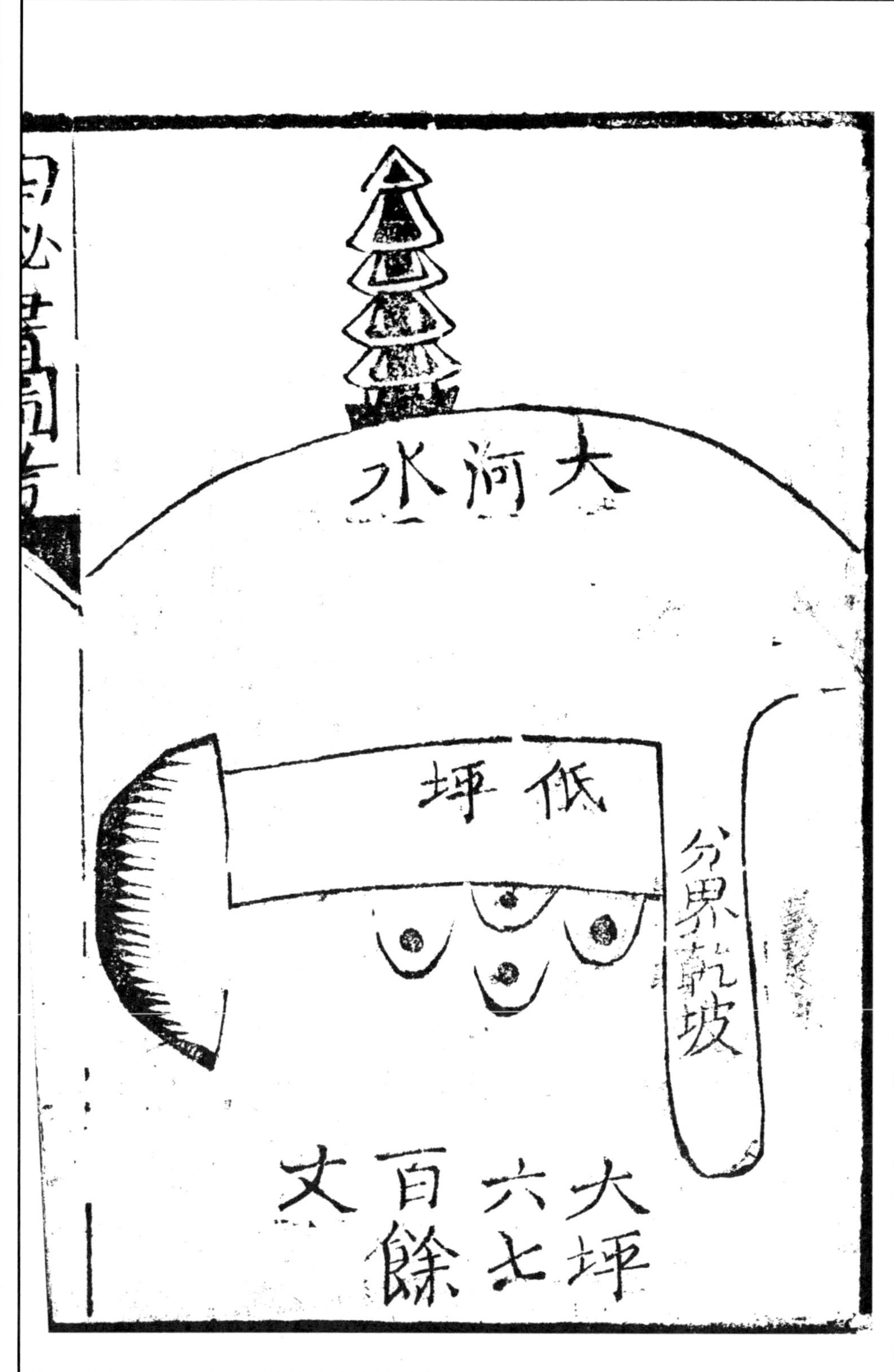
大河水
低坪
分界乾坡
大坪六七百餘丈

乾隆乙卯。余初遊湖南。與茶陵程颺廷先生同舟。時颺廷喪母。談論愜怜。路過攸邑。邀登酒肆。往復問難。同一莆先生者。堪輿名滿兩湖南北。嘗與李龍二先生。陽廬傾聽。余未之識也。而颺廷長長不置。三人私竊議曰。是子學問頗博。未審胖子何如耳。起相揖云。只此離城不遠。有四大墳。內有一塚。是江右劉蓬先仙師所扦。果能指出。

方見高明意蓋以此相难也。余以初到且由水路。未審此方高山大澤。如何結局。然頗訝其意。勉强允諾。及到墳際。見是一片大坪。方袤約數百丈。中間直下二塚。左右各下一塚。相隔每有丈許。俱作艮山仔細看定。止右邊一塚伴近乾窩有界穴後一線浮來盡屬動機。中二、左一。純陽不化。全無生意。面前寶塔。在右墳出暈。恰在坤初。

中二墳用線量。分坤未各半。左墳全是未字。按蓮仙行道。當是河洛六七八元之內。此墳、乃晚年所扦。因直判云。右邊一塚是仙師所作。應科甲丁財。中間二塚。平平無奇。左塚未宮聳動。主絕。三人者、相視愕然。

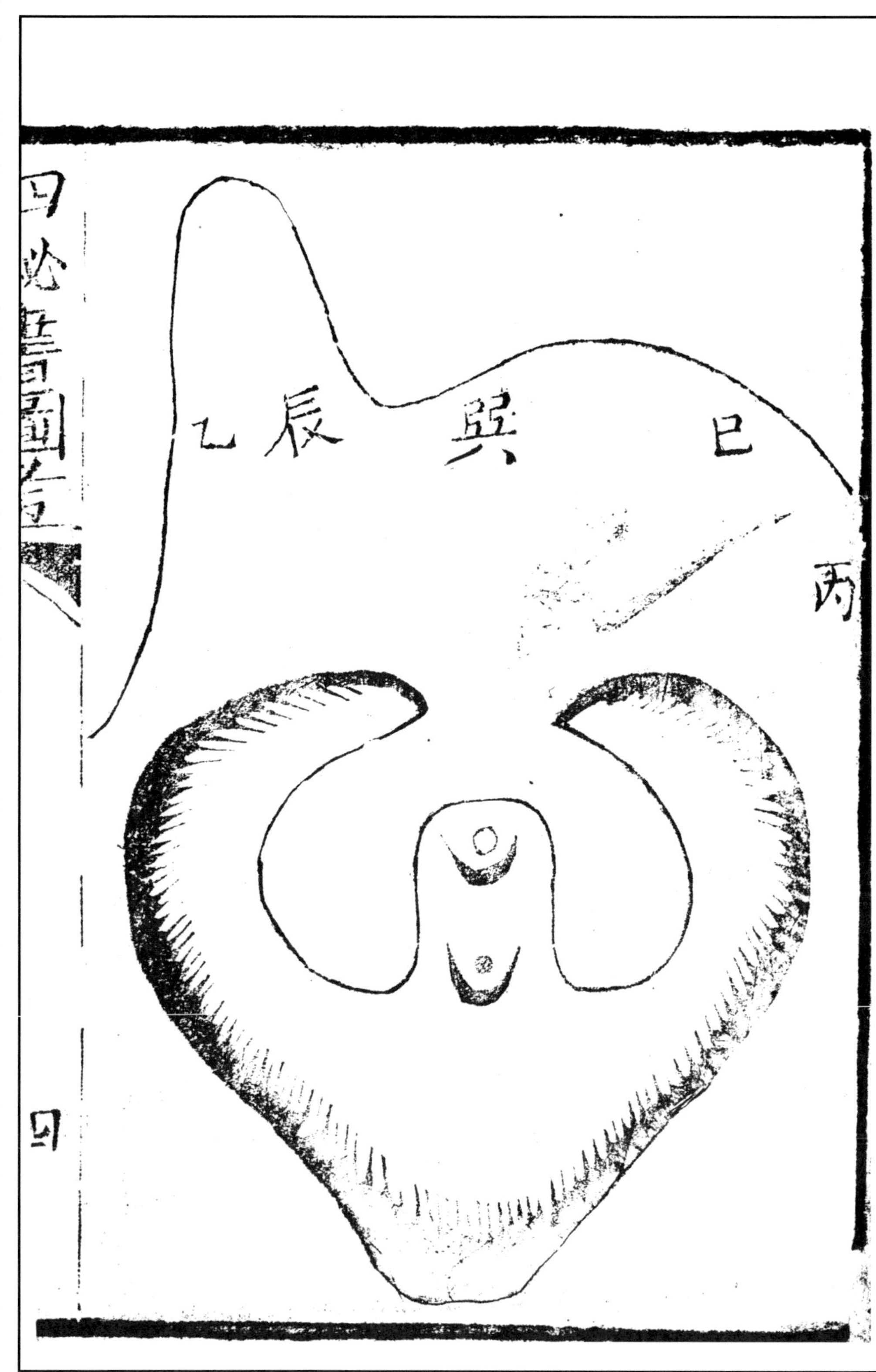

乙
辰
巽
巳
丙

又引至此處。係一僻靜山嶺。上葬一塚。下葬一塚。俱乾巽亥巳。指云此處。亦有特仙扦墳。試再闊之。余視上墳。雖得脉情。元武稍覺平立。却無住氣。下墳葬口坦平。脉到氣和。決為仙扦。李問發福若何。予曰、初葬丁盛於財。壅久財盛於丁。要是丁財兩盛之局。且此墳將發福之時。應生一殺人放火大盜。竟逃國法。蓋盜跖老死東陵之

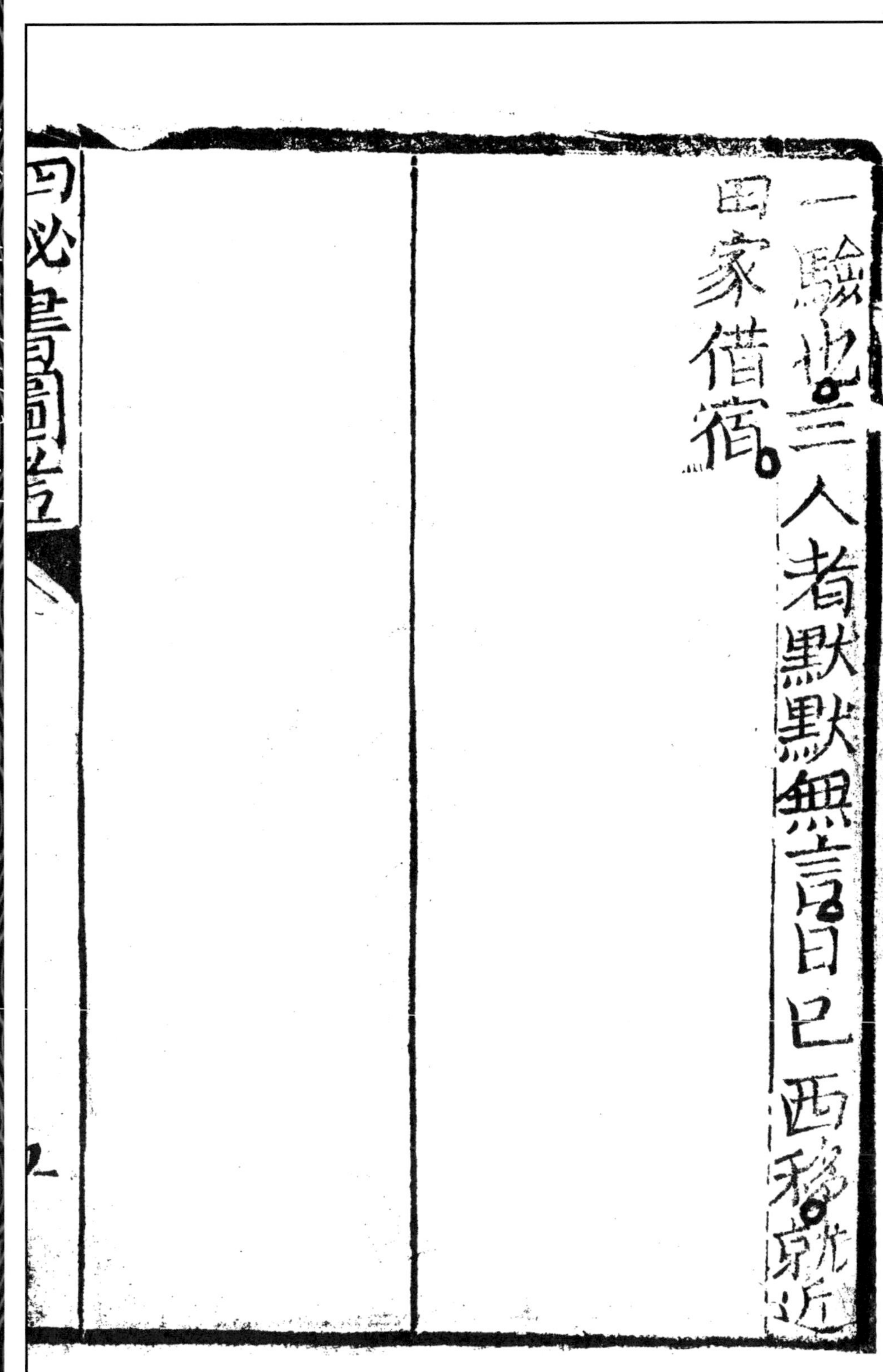

一驗也。二人者默默無言。日已西移。就近田家借宿。

四秘書圖畫

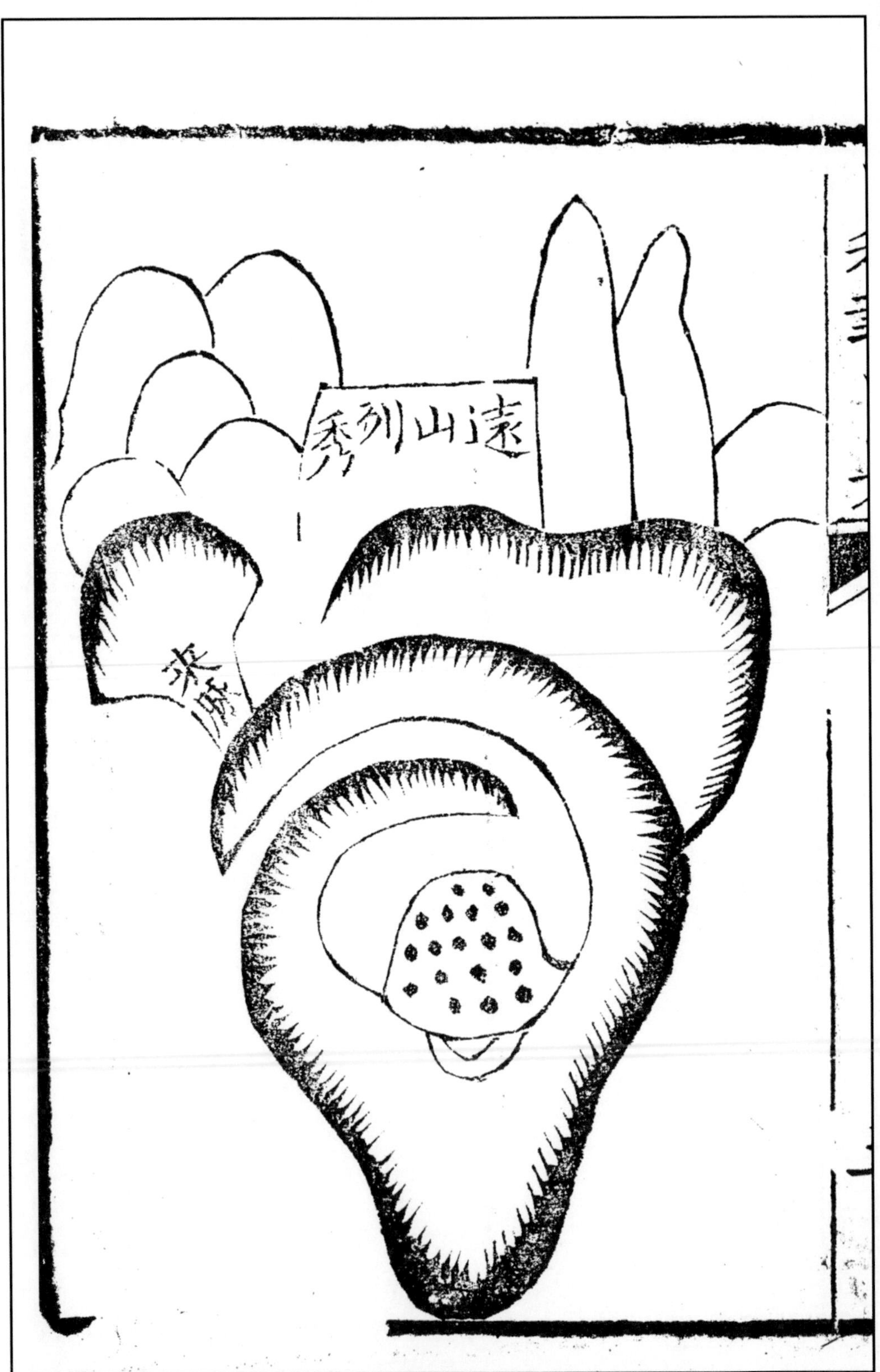
遠山列秀
來脈

明日。仔道回寓。登此山巔。正是元武錘立。前面開窩。窩內亂墳纍纍。面朝來龍。眠弓高冢。未山丑向。從案上過。曰、此亂塚肉亦有師仙手蹟。余即應聲曰。亂墳應貧而絕。若壁立內。吞入有棺。可以發大財而起家。倘土霤擊而發耳。及到穴場。果有一墳在壁立下。略近陽窩。將棺吞入頂腦。獨葬一冢。是特仙所扦。龍云、昨日乾山巽墳。以稍

細心默識
切勿輕畧

覽斗立處為非正穴今日反以元武壁立吞棺葬入為正穴而以開窩坦平為貧絕果多奇中先生眸子何其神與余曰公等所問者形也理也余之所答者氣也數也舍形氣而言理數則理數無依據舍理數而言形氣則形氣不准驗亂墳正收未坤氣生出於數於理應貧絕吞入之穴反收旺艮氣入於形於氣應富貴也

歸至公館。三位先生。拍掌大笑而告曰。艮山四塚。俱程宅墳。中二父母。左長、右次也。次初葬。係劉仙扦。生二子。俱成進士。後乃葬父母。後乃葬長子。俱非仙扦。迄今昭穆凛然。于丁巨族。皆次子所出。長生四子。後竟未傳。余曰、以塔在坤庚。次子故發丁貴。長子不傳。由後無來氣。葬已逾時。且塔入未宮也。

乾山陳姓墳。丞矮亂。有名長子者。藉兵殺掠。後昇平。果壽終。子曰、以辰來丙去。辰為罡。刦丙作赦文。

未墳。亦係邑中巨族。開其發福之時。果有雷擊簪頭之說。以未頂震龍。催官云、兕泒來去龍入震。霹靂白晝驚西東也。

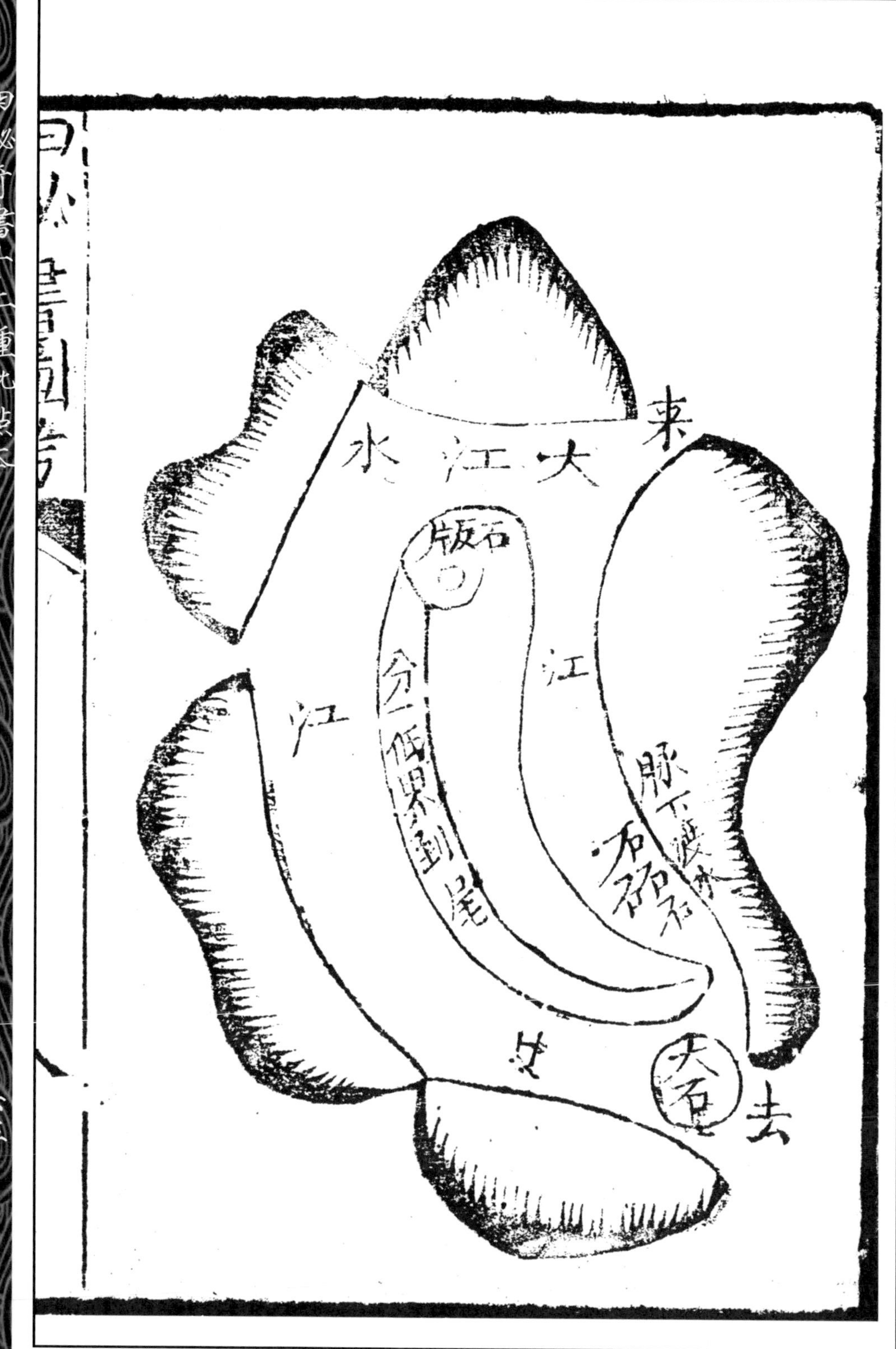
来
大江水
石版
江
江
分低界到尾
脉下渡水
大石
去

此一菴先生自擇壽藏也。其穴未定。因雇舡同往。五日始達。在大江之中。結一大洲。石骨渡江。灘似鯉魚上灘。長八九百丈。寬四百丈。兩河分流。盤踞水中。四面秀峰圍繞。護衛嚴密。洲上雜樹竹木。人皆舉以丈量。取中立穴。予初登覽。得浩浩無涯。杳不可憑。因辭曰、此局實結美地。此穴實莫可測。不敢妄指。盤桓數日。偶步高巔。見其

雜樹竹木之間分一高片又分一低片皆
頭上石盤旋至轉尾右脈止余即鼓掌大
叫驚喜欲狂曰得之矣得之矣此金魚肚
側鱗開六六三十六點合陰數之意耳且
大洲綿亘全無動機得此一高一低穴便
點於即高臨低之間此穴一點全洲之氣
盡收矣是一穴能引金洲而俱動者惟此
七尺之土耳何可尺寸移易乎及臨穴視

之面前大石熬平力足障川廻瀾正朝之山拱夾之峰大江環轉之水各各抱衛有情乃知真穴一點山川自効其靈矣一甫先生見指出真穴勃然如釋重負即將平生得力陽宅秘旨一一詔余余亦另立關記存驗後至颺廷家指一吉壤在茅厠側爲俗術所鄙且颺廷亦不願舍山求偶再爲指吉余亦歸里

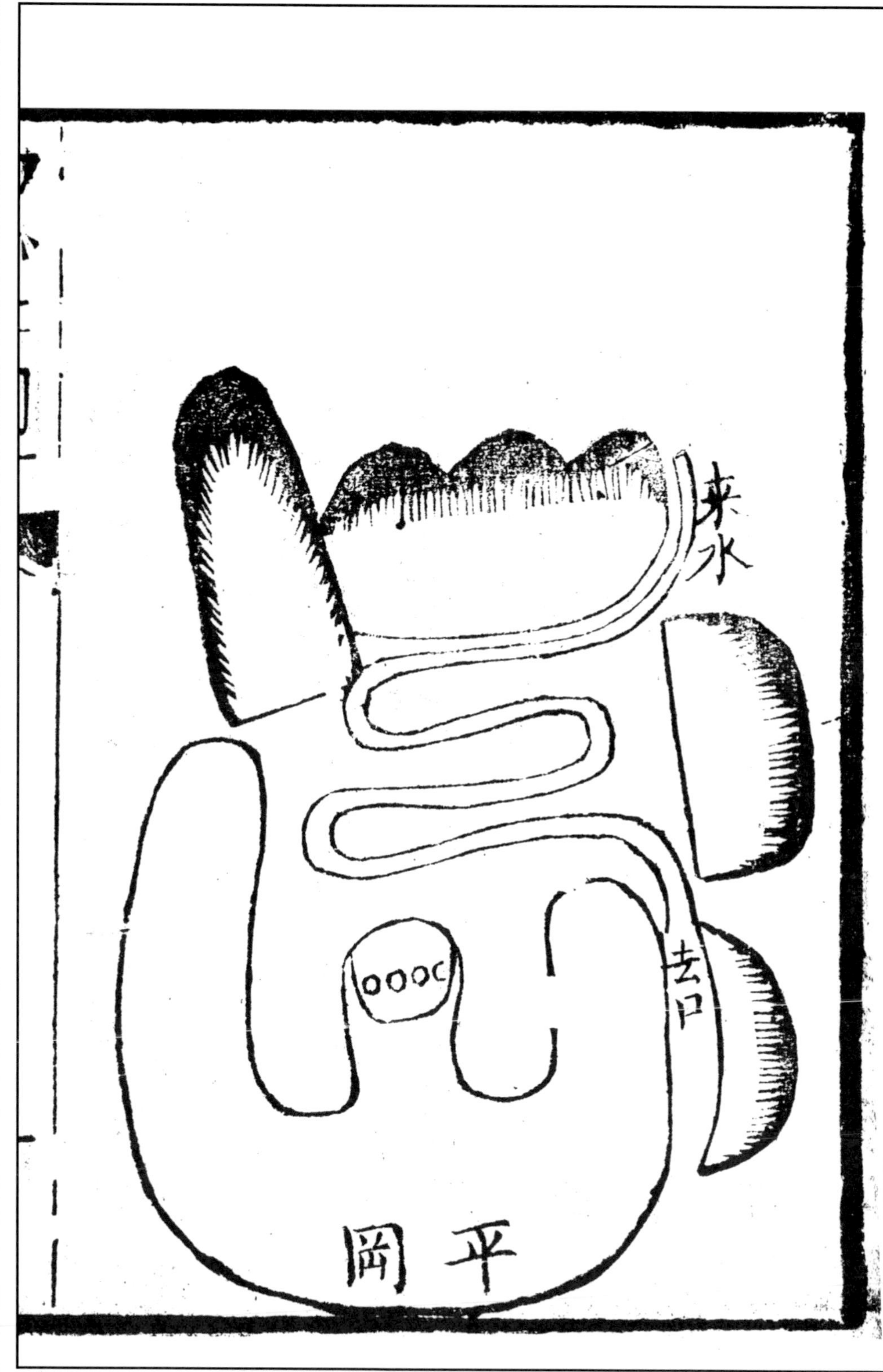
來水
去口
平岡

着眼

嘉慶元年。在吉郡。刻精語形函。有劉姓邀
相陽宅。乃乾山巽向。水、朝巽抱乾。氣、發坤
止艮。余評此宅。乾隆甲戌、甲申、甲午、甲辰。
四十年、內。富貴雙全。但前甲戌。後甲辰。各
十年。有退有長。中間甲申甲午、各十年。純
吉無凶。甲寅十年。僅堪守業。至甲子年後。
退財猶小。大慮損丁耳。以四運。得乾水。六
運得巽水。中、五得乾巽兩催。水故應四木。

年富貴然四運有巽水六運有乾水故前後各十年有退有長七赤當運六為胎而屋後乾水斷不添丁　又有一王監生者請觀此墳係一大塚並葬四棺卯山加乙余見穴頂一脈飛舞穴前曲水來朝廳上元科甲顯宦丁財大旺主人指出一棺曰此先嚴蛻藏已遷葬四十年餘三棺葬百餘年矣余判百年之棺大發丁貴四十年之田必

棺丁財兩損所謂葬着生龍當代發死龍憂敗絕大地大凶之徵也壬生潸然出涕曰老祖葬方廿年發進士數人丁財大盛迄今丁尚千餘吾兄弟此墓大地費二十銀入族始得穴土誰知四十年來未生一丁長二三房俱已謝世止遺貧生行且就木所恨從來堪輿未有將此墳評別吉凶若此者今幸得賜惜哉晚矣因圖此以為

此等行徑。全是私心。故最害事。宜切戒之。

大地傍近謀地者戒。然此禍止及乎新棺。毒不流於老柩。近日有龍首地師溷瞳東家。或截人地脈。或騎葬古冢。或起棺易罐。謀古名墳。或假立蔭堆。預埋封碑。明不顧刑罰。幽不慮鬼神。卒之。大地適遭敗運。殄人會值絕機。不禁揮淚三歎。深望世人。知所戒。并知所懼。

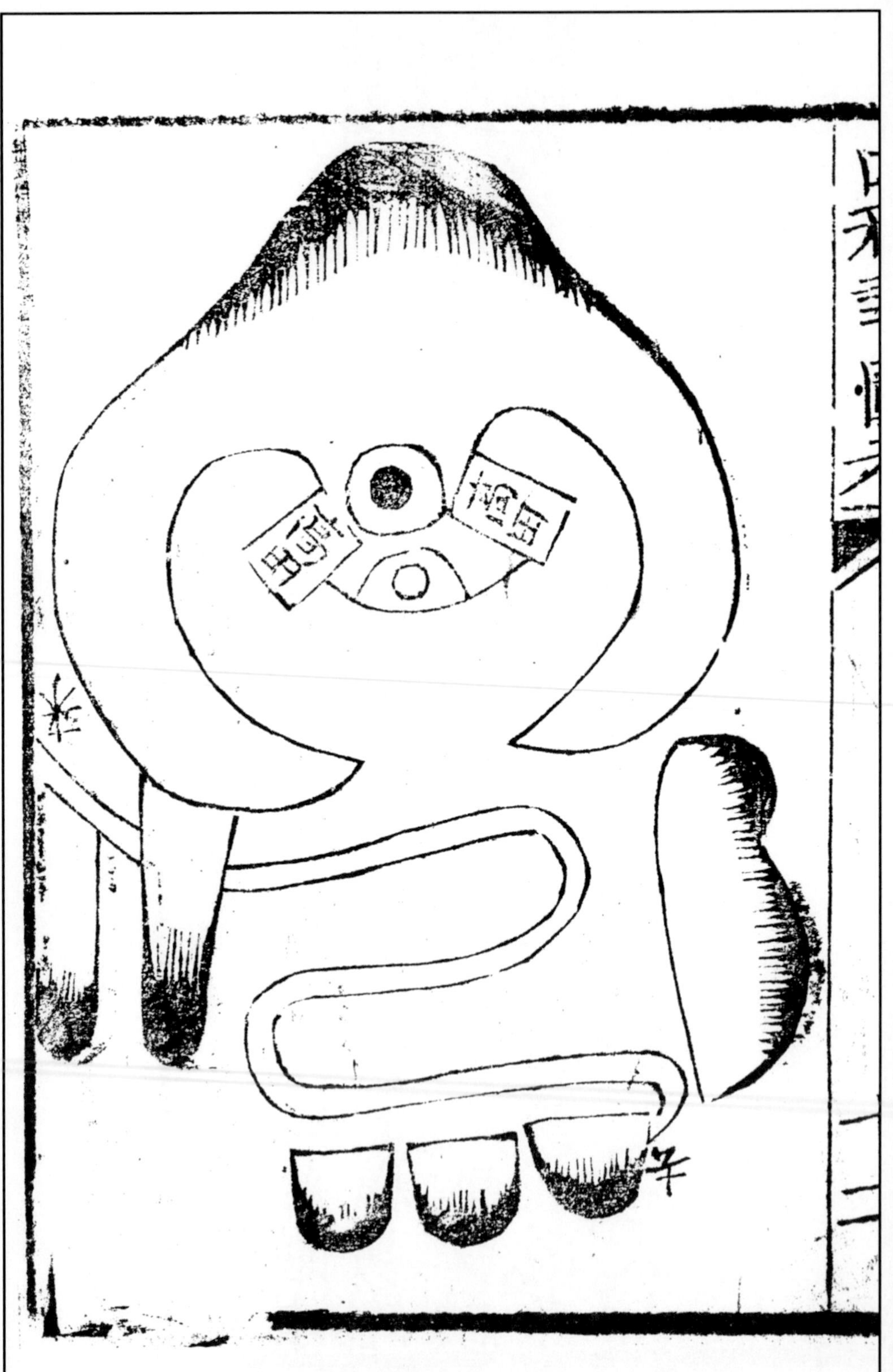

劉姓復領到此處見上一墳在平頓下一墳在平田是巽山無巳巽氣乘乾水朝砂現水出本屬美格余判十年前應丁財貴秀男婦秀美而文近十年內必遭退敗生凶也劉曰田內是李墳初甚貧寒葬下乾隆癸亥不二三年即勃然大發不但家業豐厚而且兒子才美婦女德艷富隣張姓見李發福果由此墳又聽術者云正穴該

在上頭。心竊慕之。乃謀之李族。私買此嶺。葬母。連年爭訟。釀成命案。今纔八載耳。而二姓田土。典賣殆盡。止李家尚有二十餘丁。張姓葬後。不發丁猶可。連老丁都折盡了多人也。嗚呼、墳地應發應敗。乃地運有一定不移之數存焉。俗子溷溷。貪圖別人祖塋。反損自己心血。已葬者之敗數恰來。謀葬者之凶禍頻起。或貧或絕。亦貪吉之心所自召也。於吉壞乎何尤天蓋設此局以報負人耳。而世終不悟。可歎矣。因繪之以為創吉者勸。

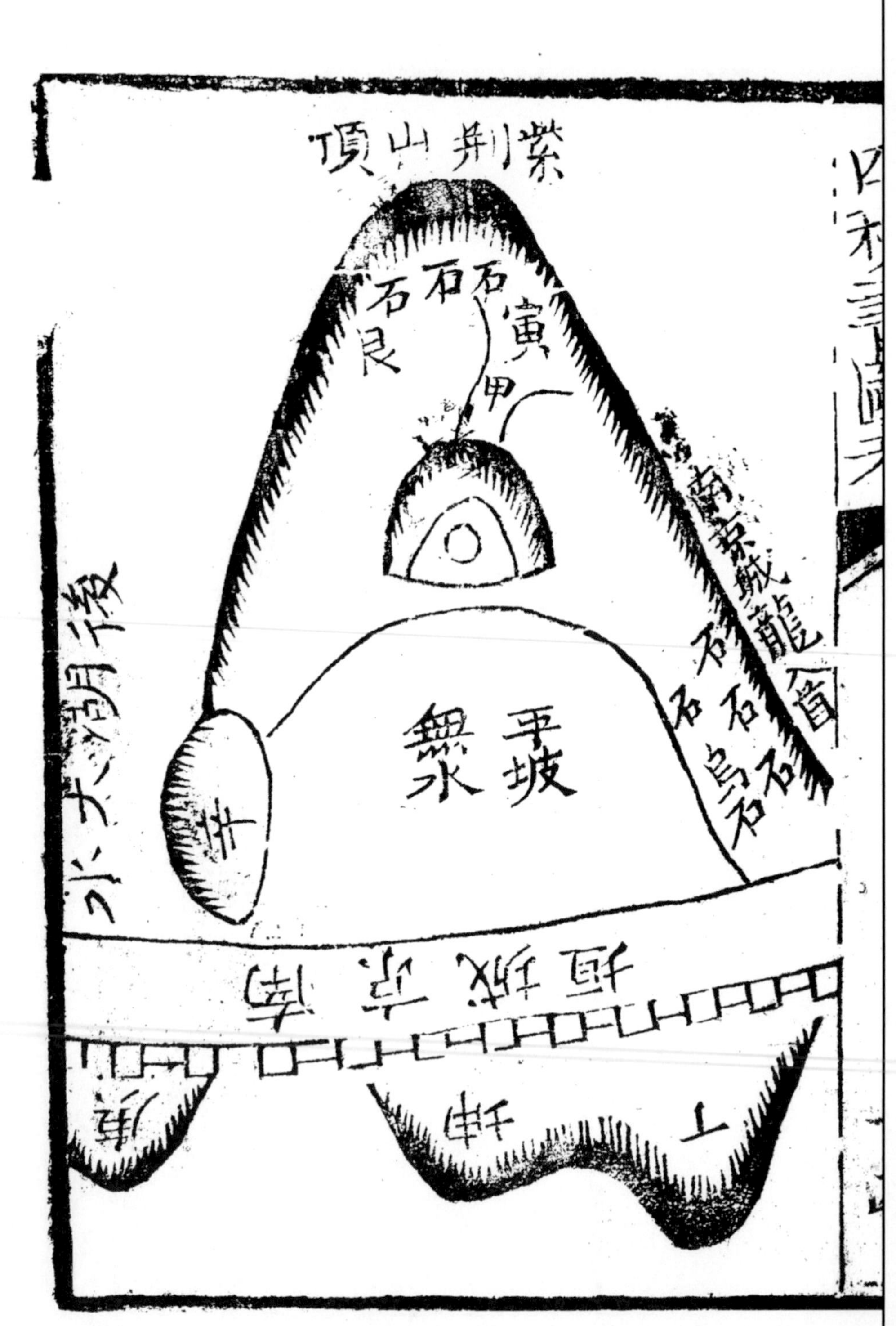
紫荊山頂
石
石
石
艮
寅
甲
平坡
衆
井
後湖大水
石
石
石
烏石
石
南京城垣
丁

墳在南京太平門外紫荆山下。明洪武二年。賜征虜將軍鄂國公。追封開平王。謚忠武。常遇春葬地。其龍自黃山起祖。左翼九華。右翼天目。正龍鈎曲。中抽一枝。結南京城。左結明高皇陵。右結此局。係仙師劉伯温所扦。甲脉入首。出脉細軟活動。艮寅起頂。即紫荆山。左手骨石土和。正脉入垣。結南京城池。面對城垣。借以收局。局内平坡無水。城內兩峰。一丁一坤。坤側略遠略低。一峯在庚。近身水口、貪峰在辛。辛後即是後湖。澄波萬頃。作艮山兼丑。

明高皇帝陵。在左。係艮脈入首。兼寅二分。作子兼癸二分扦。面前秦淮河小水在下。長江在庚酉。後面高頂在壬子癸。又有一方正秀山在丙。惜有遠山在坤耳。報恩寺塔。亦在坤。陵上見之低遠。亦可無碍。

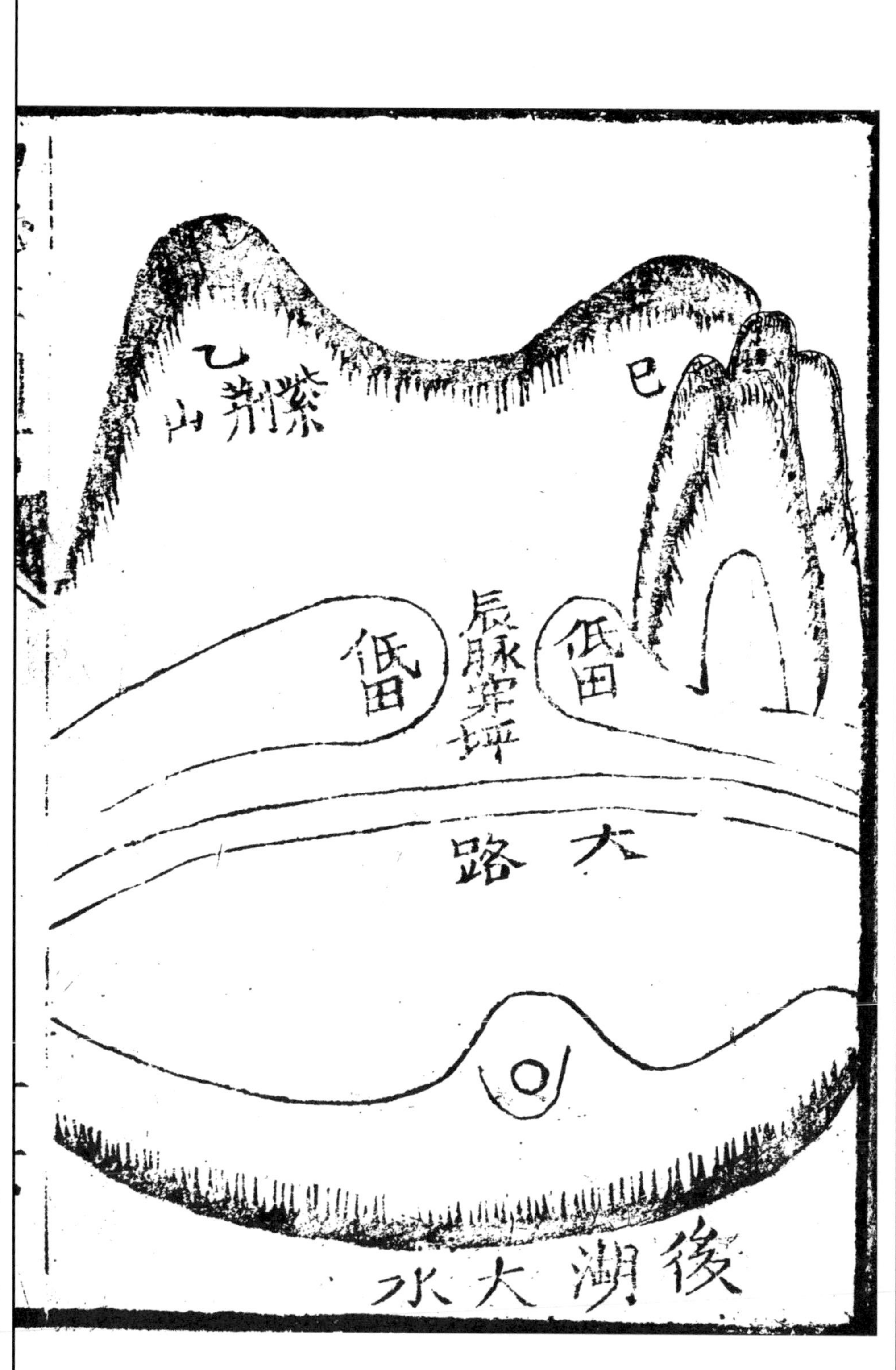
乙
紫荊山
巳
低田
辰脉来坪
低田
大路
後湖大水

明太傅魏國公。追封中山王。諡武寧。徐達墳。龍從紫荆山下。顧胎結穴。往余閱一貫堪輿。及名地圖諸書。所繪徐墳。異樣工緻。且前繪大江。後圖紫荆。今親登各墳。是紫荆山作朝。面前係平坡無水。大江與後湖水。俱在墓後。蓋所見止此。而所圖亦止此。乃知天下自有真也。凡粉飾以欺人者。既見無實地。則其所學亦必無實用。又何能發仙師之秘。而造福人間世乎。
按中山王。二子三女。長增壽。襲封魏國公。次輝祖封定國公。國變時。增壽迎降。遭誅。輝祖不屈。甘因。長女為成祖后。封仁孝皇后。次女為代王妃。三女妙錦。矢志不嫁。后夢成祖聘之。不從。宣德中。張太后召入宮。自稱徐達第三女。宮人竊語。此薄皇后不為者。以乙峰高貲。為坤納故也。

撥開平王。子茂。封鄭國公。洪武二年六月。常遇春克開平。七月卒於軍。喪歸。帝用宋太宗喪趙普故事。臨於龍江。

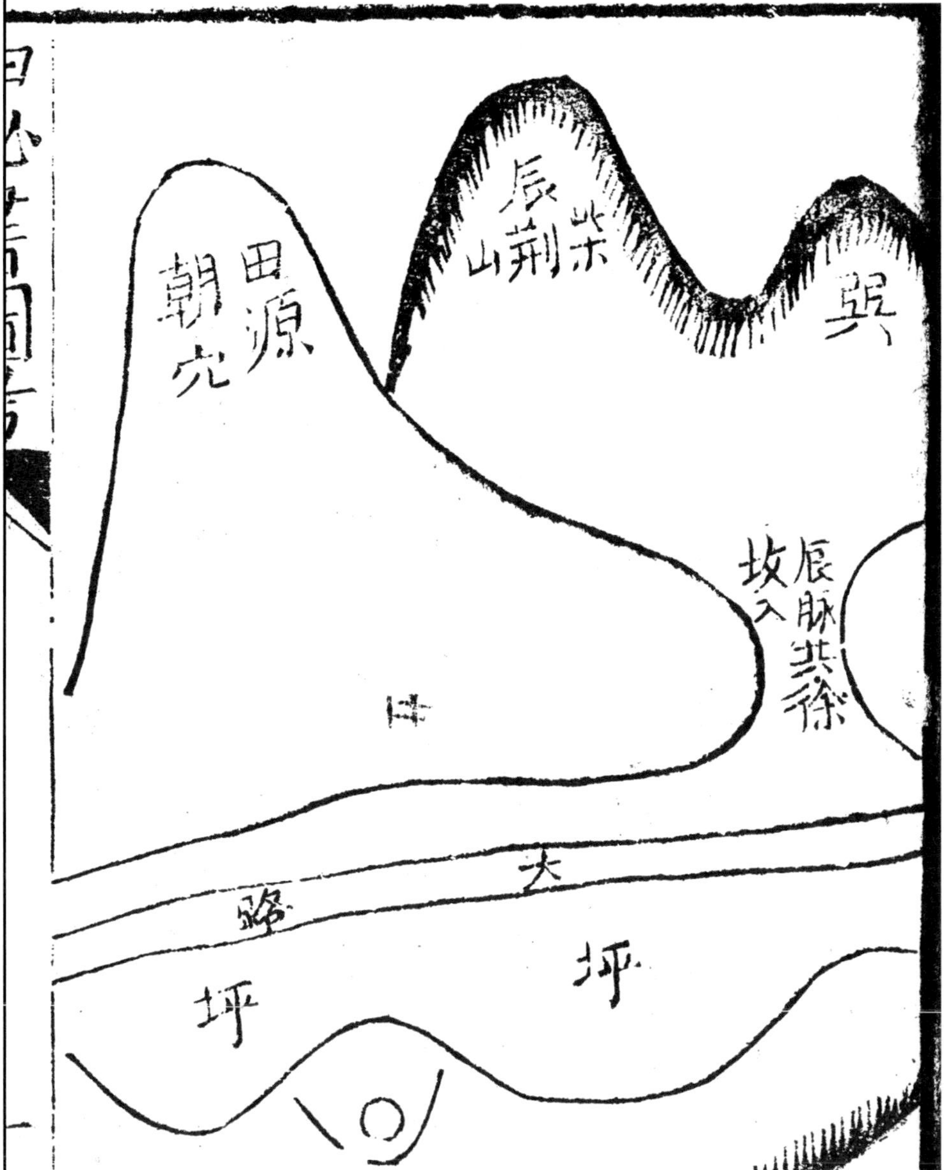

田源
朝穴

辰
紫荊山

巽

辰脉共徐
坡入

田

大路

坪

坪

後湖大水

曹國公。追封岐陽王。謚武靖。李文忠墳龍共徐墳辰脈。但面前兩峯。徐墳是正朝。李墳是側侍。徐墳一乙一巳。李墳一辰一巽。徐戌兼乾。李酉兼庚。用法各各不同。惟能於用處解悟。方能與古仙有合耳。

熊子蘊輝。候補江寧。往在京都行堪輿。名振天下。辛酉春。余寓南京官舍。傾蓋相遇。覽余四秘書。即訂契交。究論辨正補義。兩越月矣。於是備斧資。具輿馬。縱觀明代劉誠意伯仙師。所作常開平王遇春。徐中山王達。李岐陽王文忠墳。以作印證。而三墳俱在太平門外。紫荆山下。按明洪武初年。三碧管運。常開平王卒於洪武二年。李岐陽王卒於洪武十七年。徐中山王卒於洪武十八年。高皇自定功臣。以徐常李三人為首。俱賜葬紫荆山。俱有大碑巍峩。以炎暑蒸薰。未及細讀為恨。但常墳艮山兼丑。徐墳戌山兼乾。李墳酉山兼庚。常甲入脉。徐李辰入脉。熊子曰、龍法與三卦。絲絲入扣矣。第常墳是艮山。李墳是酉山。徐墳又是戌山。核之、河洛運數。迥不相合。余即在墳上指示云。徐墳戌山。脚穿辰脉。面前是紫荊山。高大雄峙。精光閃灼。背後是後湖水。澄潔汪洋。波濤漣漪。本身是平岡。低低

着眼

[illegible]游明堂是乾坡坦坦平平中山王四綠枋運聽發須看他四綠来氣大昌太拜自屬而下藏入此穴六白止氣大界大限從低而上收入此穴知中山王穴內收放之說即知李岐陽王棺頭收水棺尾出煞之法矣此山山有寳珠之[illegible]也惟常開平向要當細論開平葬於上元三碧後天之艮非先天之震兌艮氣自頂而下收後天之

細看

四村言圖考

入白即受先天之三碧矣此一卦通八卦之訣也其取局用元龙見仙師當首苦心取面前小堂平坡無水者以艮劫震氣坤地有水反損胎元其取紫荆大山震方氣厚又取後湖大路兌地水湍者以三碧運內只能用震入兌出之局再不能用艮發坤收之局也此恰是三運內所下之艮局恰不是入運內所下之艮局矣乃悟仙師

取地同於才人用筆。才人作文。發抒奇情。就是化工。用經史成語。如自已出。不見一字一筆空閒。而字字珠玉。篇篇錦繡。仙師取穴。闡明妙蘊。就同化工。用字由山水。如自已造。不使一峯一池空設。而墳墳福地。局局上格也。熊子喟然歎曰。古仙作用。和盤托出。嘉惠後來。豈淺鮮哉。

又曰。此三墳。仙師總用山法。峰峯收入。惟常墳庚發略忌耳。
又曰。此等葬法。用力大盡。葬下即發。正取
勝有遲發之說也。惜哉。總未補救。則善後
無長策。奈何。
按誠意伯卒於洪武八年。徐李二塚。似非
劉仙所扦。然俗傳高皇賜中山葬地。命劉
仙勘空。或作於生前。未可知也。

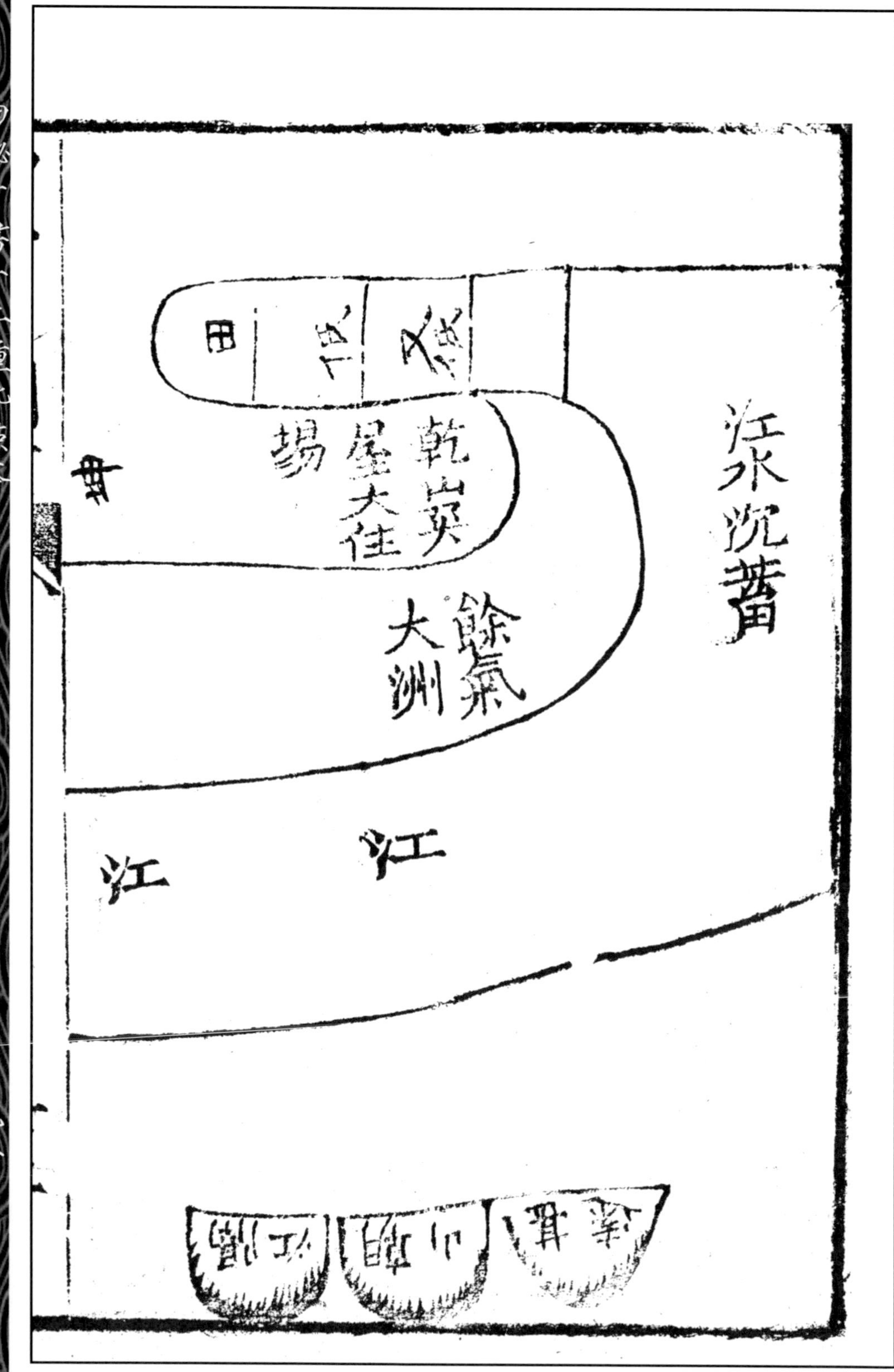
江水沉蓄
餘氣
大洲
江
江

右乾宅。面前環以大洲隔斷江水。屋左艮方水近。屋右坤方氣厚。屋後大橫界低濕。坤高艮低。人皆判乾隆甲辰甲寅二十年內發福。余曰、屋後橫界。邊高邊低。後宮。不。來。屋前大江。遠三四百步。前。宮。不。入。屋右坤氣。長。大。昌拜。勢。重。屋左艮、江水近。沉凝。潴。聚。應康熙甲申甲午二十年內。早已發福。及究問土人。果於二運內。中舉人三。中進士。丁財大盛。至乾隆甲辰年後。則蕭條矣。

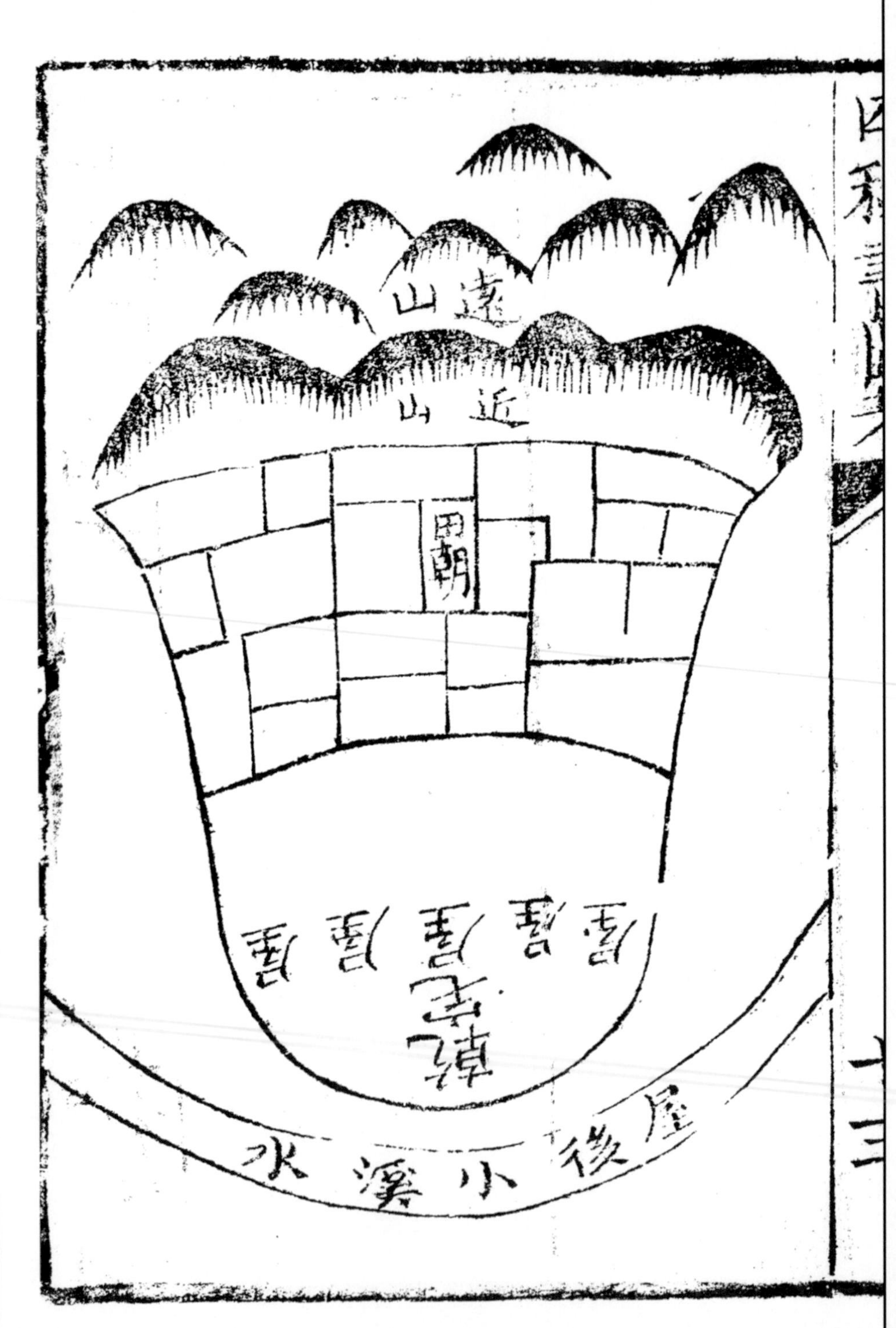
遠山
近山
朝田
屋後小溪水

此乾宅後界以小河不過廿餘步之近左右俱有空界低三五尺屋前一片平田百頃蒼蒼田畢高山層起是發來乾交爲四運土格果於乾隆甲子二十年內發進士四人中解元一人財旺丁盛至甲辰以後田多俱賣丁亦稀少尚留高而且大之屋二百餘棟耳

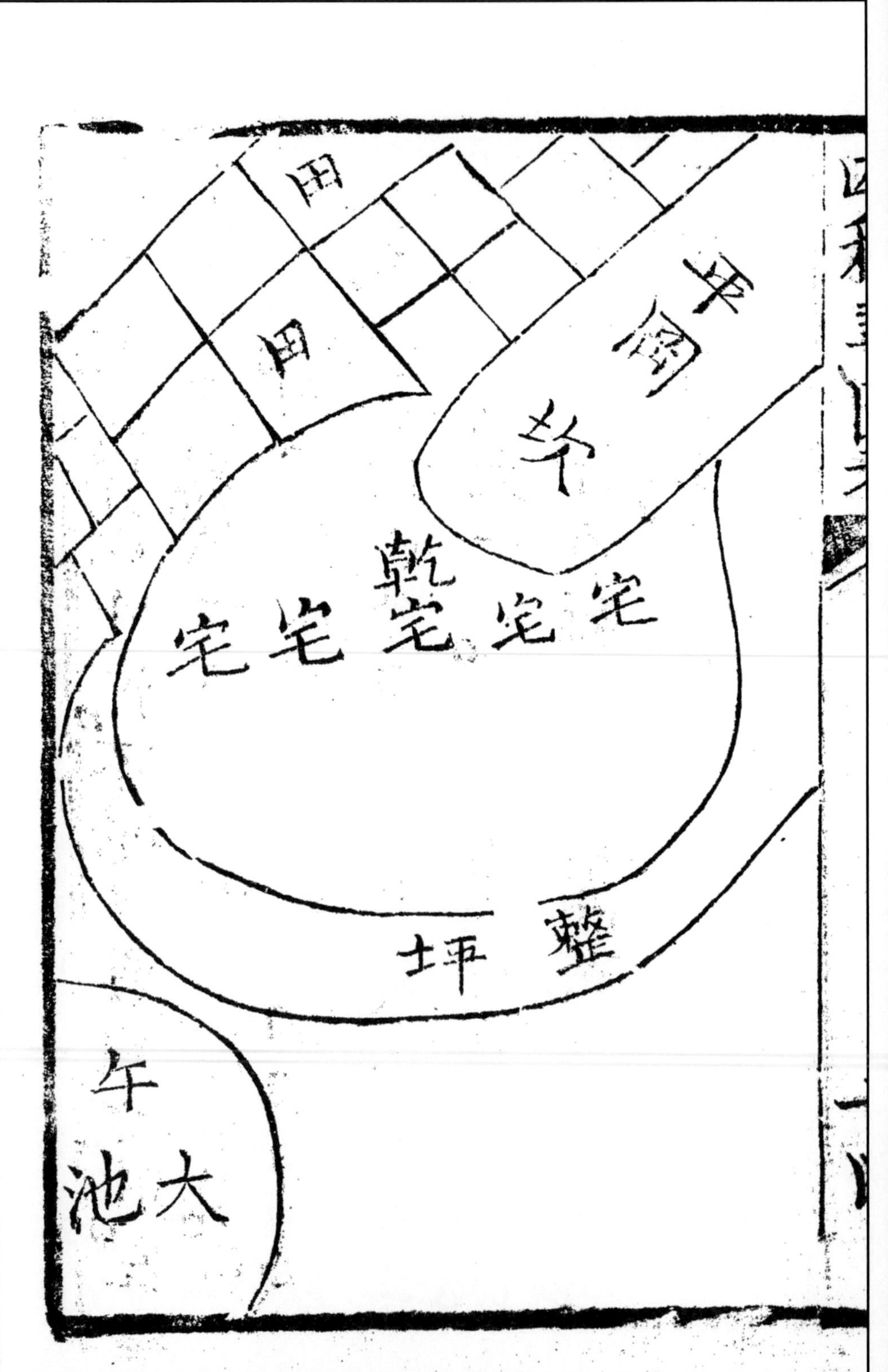
田
田
平岡
乾
宅 宅 宅 宅 宅
坪 整
午
大池

係乾宅坎方脉來。屬平岡略高。作濕下勢。午方有大池澇。乾方歪斜。與地平鬆。果係上元巨富貴顯。今則夏屋渠渠。室如懸罄矣。以乾風不來。巽風反多。午方水盛也。

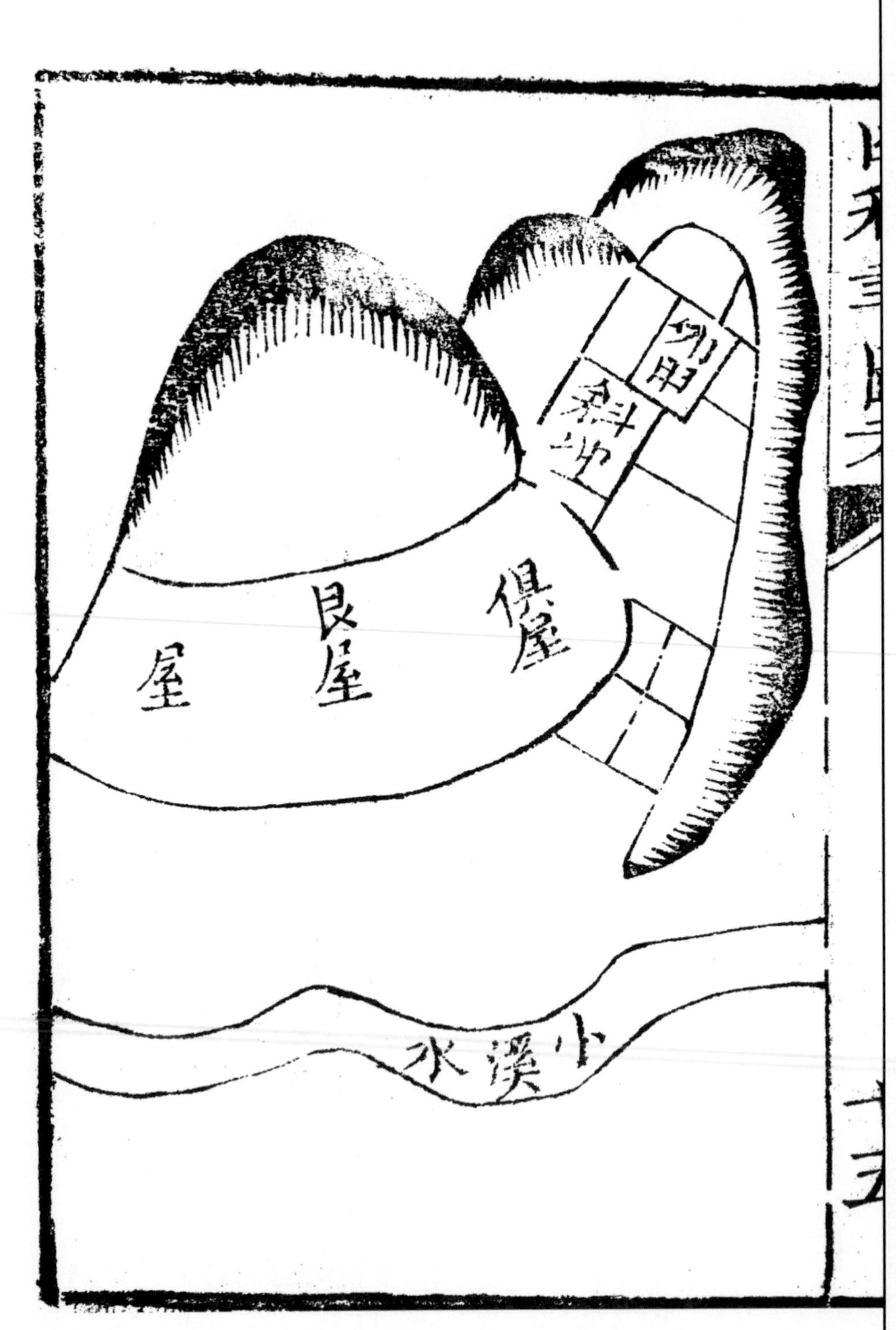
俱屋
艮屋
屋
小溪水

艮宅。左角山谷沖口。坤方有小溪。三運大盛。却丁少。以坤方水盛也。五六元內亦敗。惟入運內。大富貴。却丁不大旺。以坤水。興卯。艮氣。俱收。兌地卯。微露。水照。佳也。

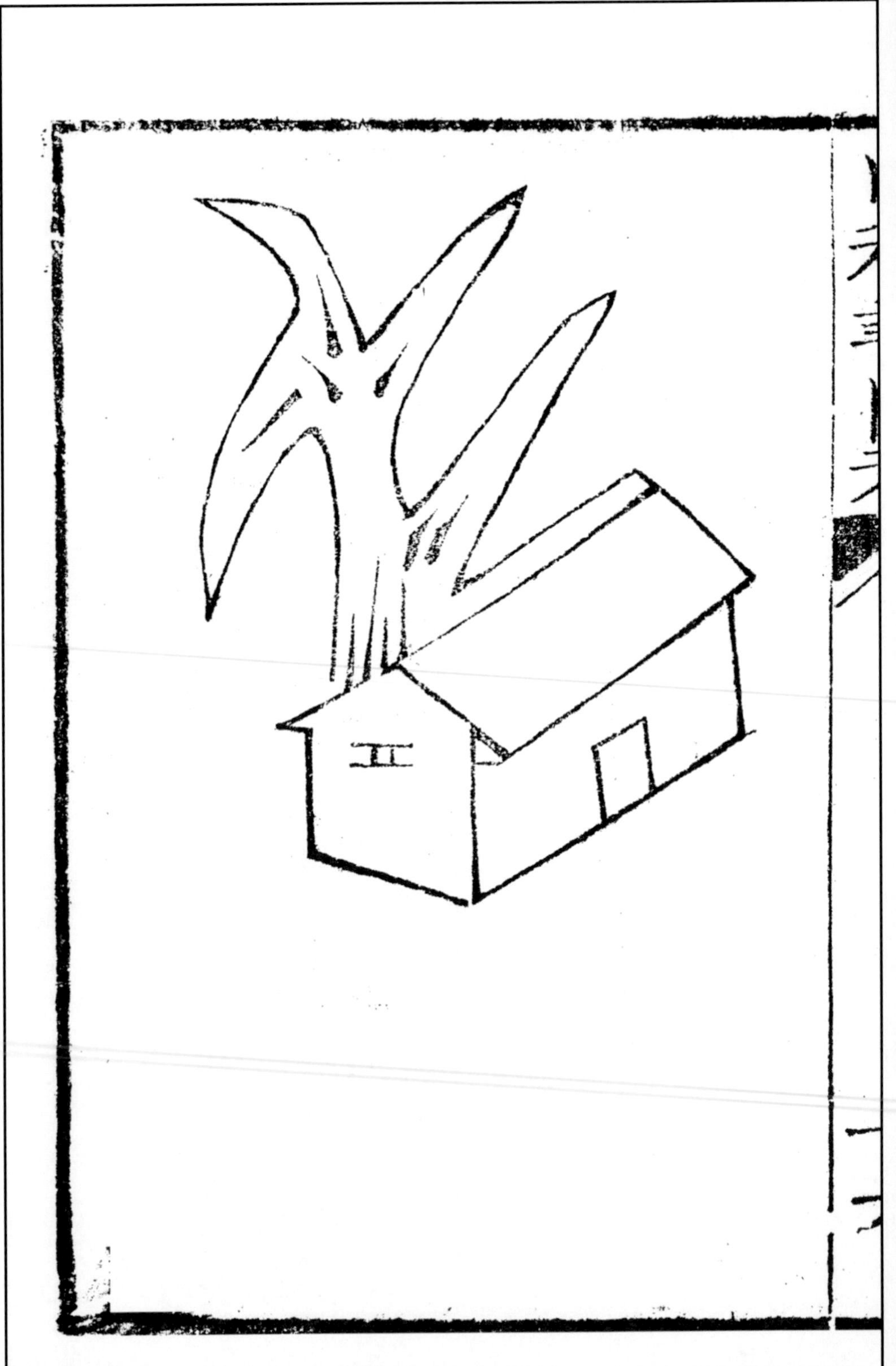

此乾宅恰對屋後有空心一大樹樹內黑水時流余曰乾之先天在後天午位後天在先天艮位乾爲首離爲目艮爲背此宅內有頭上發癰疽近目者或背疽必致命主人云此宅原屋主是背疽死去年有賃寓者忽病腦疽不四五月連目珠都壅塞廿餘日死矣卜氏曰草盛木茂可以驗盛衰之氣象凡樹木彫落亦氣反而遊散之

意。然雖桑與梓。必恭敬之。先人手澤。勿剪勿伐。可也。

此係沈萬三住宅。於明季大富。現改為壙地。其煞太重。不穩。

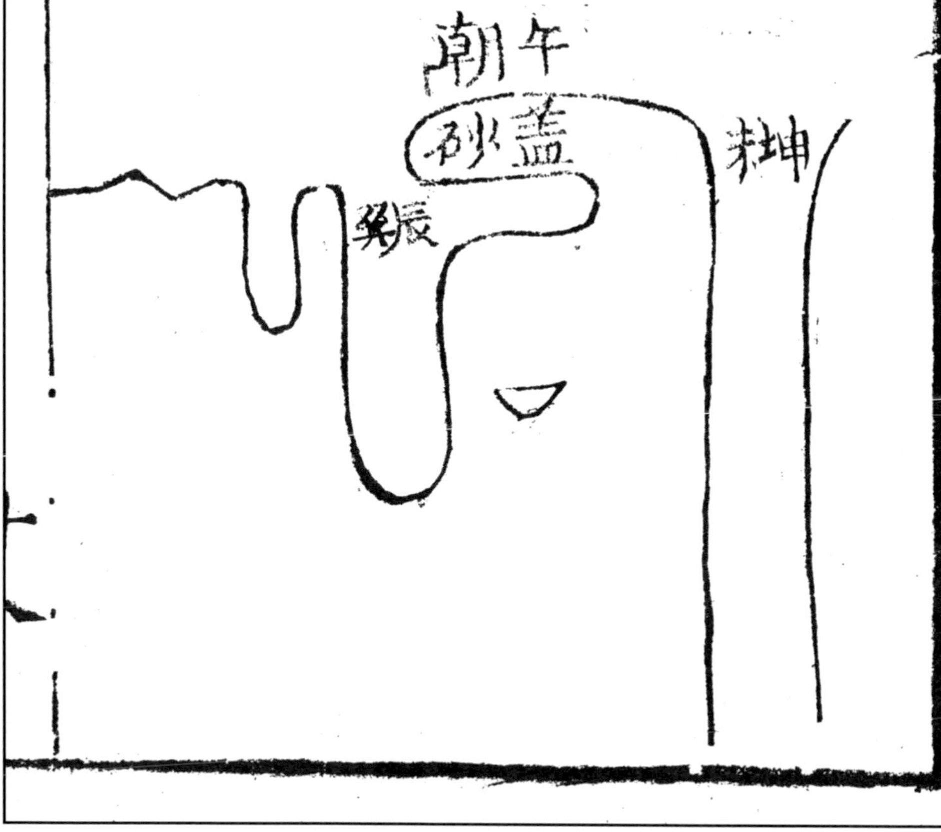

結局最美。惜丙午丁水斜飛。雖貴不能正途。頗有丁財。亦納粟授官而已。若正朝。則科甲矣。

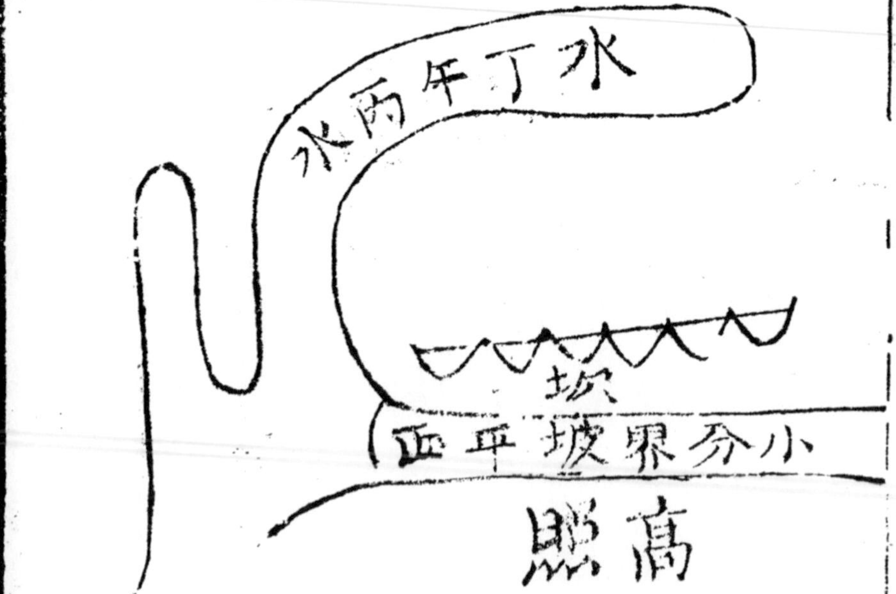

水丙午丁水

坎

小分界坡平正

高照

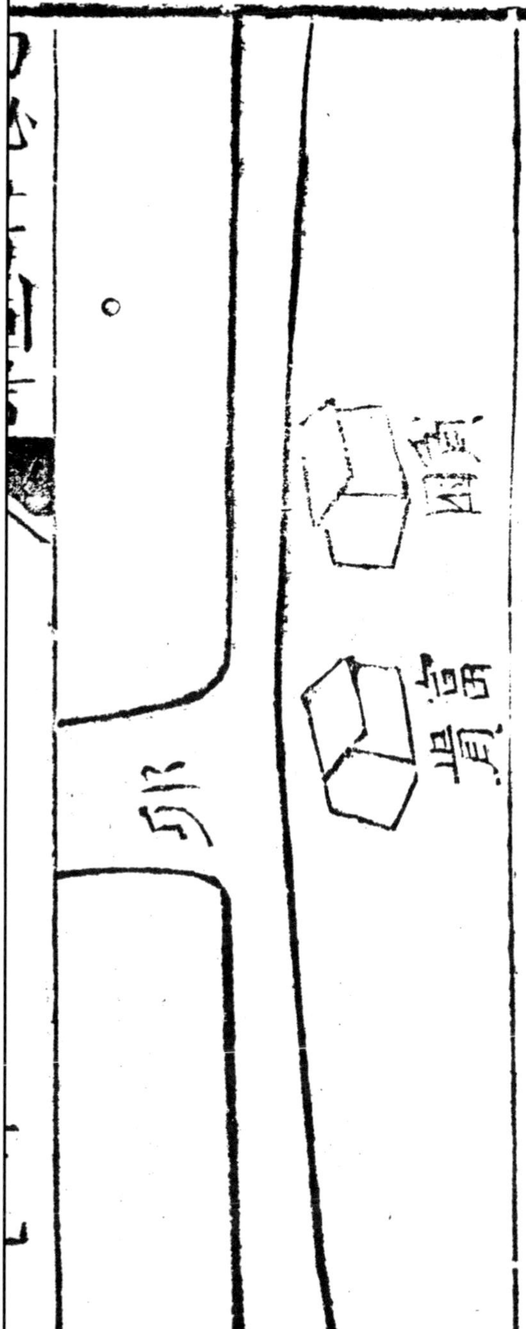

此二宅。即移步換形之法。

一宅屈當其口。為下元生。故富貴。

一宅水來大。口在艮寅。故貧困。

貧困

富貴

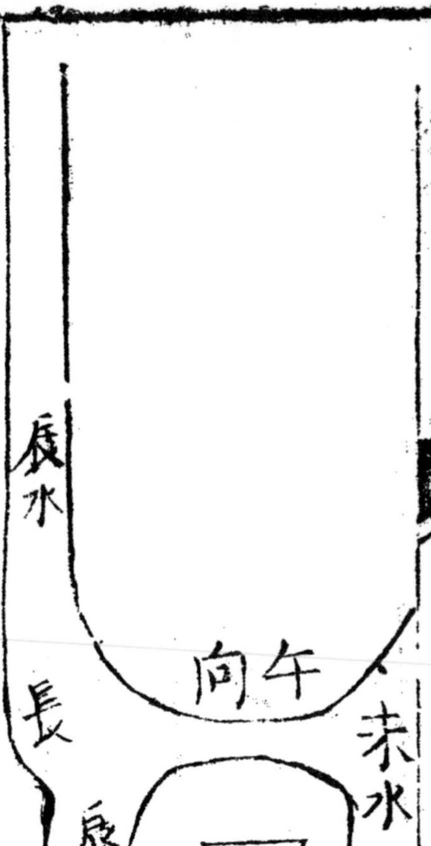

此本係一白氣，但離宮過堂水不得力。坤未開口，八白奪氣，直貫到坤。二黑運中傷丁；交至四綠三重辰口，則必出賊勢連綿，已遭縊死人命。今六白運，已大發丁貴矣。

按辰水出賊。令有三層聯與巳。不但出賊
并主聞絞。四緑運中。巳辰一環。縊死一人。
兩環。主吊死二人。立驗。驗
大凡水局不雜。則龍氣清真。主發科甲。如
龍氣不清。葬雖合運。必以富而致貴。不能
發科甲。何以知其龍氣之清。亦以水之瀦
蓄。動。折。處。見。之。而已。如上坎局。午水不見。
無力。辰未兩口。水明。乾艮主奪坎氣。令當

着眼

下元則此局大發。惜乎上元受禍也。知此可以隅反。

七赤運中。以兌為生方。乾為胎元。皆不可有水。如有水。謂之照破生胎。主丁衰。二黑為七赤催官。如有水。必主發貴。一交八白。即變為生水。上吉。凡本元方有水。本元對宮有風。俱名的煞。主損丁。江湖池沼巷道街路。大者煞亦大。小者煞亦小。

前朝後護。細流緊抱。大水入口。自是吉壤。但須築土。宜高曠方得前後空明。諸美畢備。然亦不過中元一局耳。

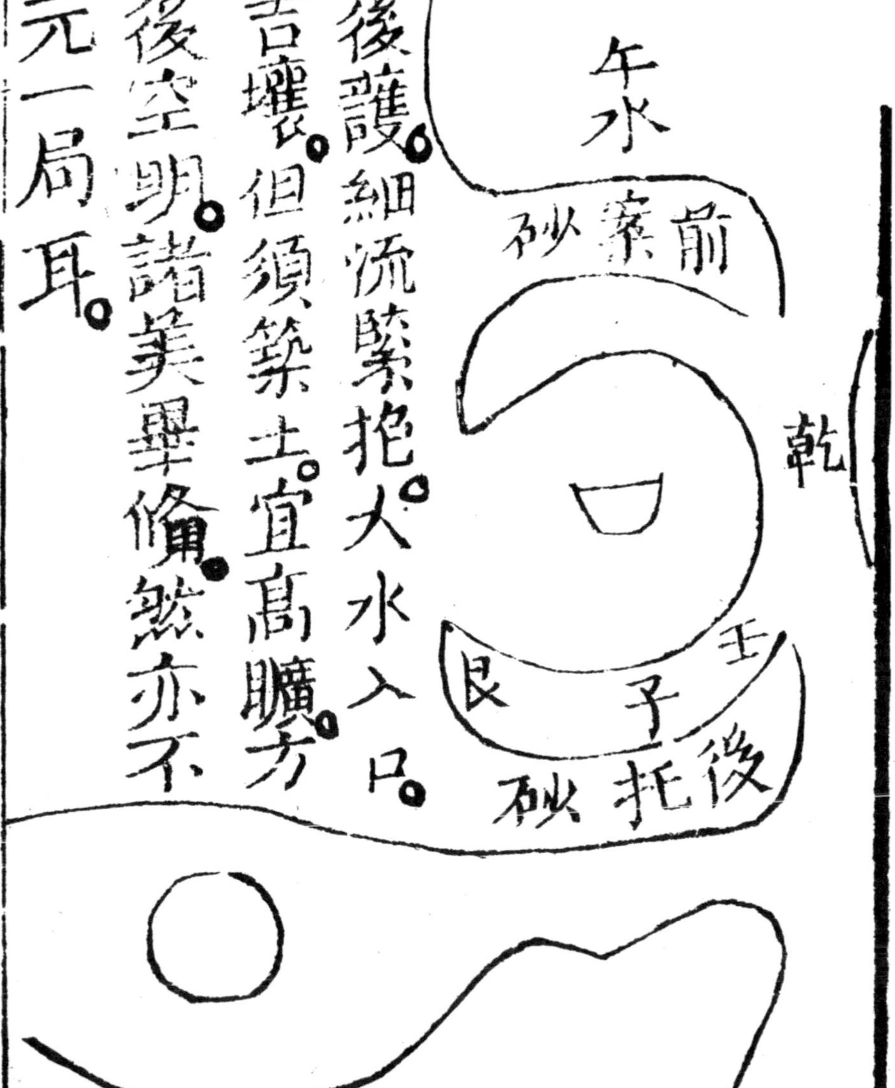

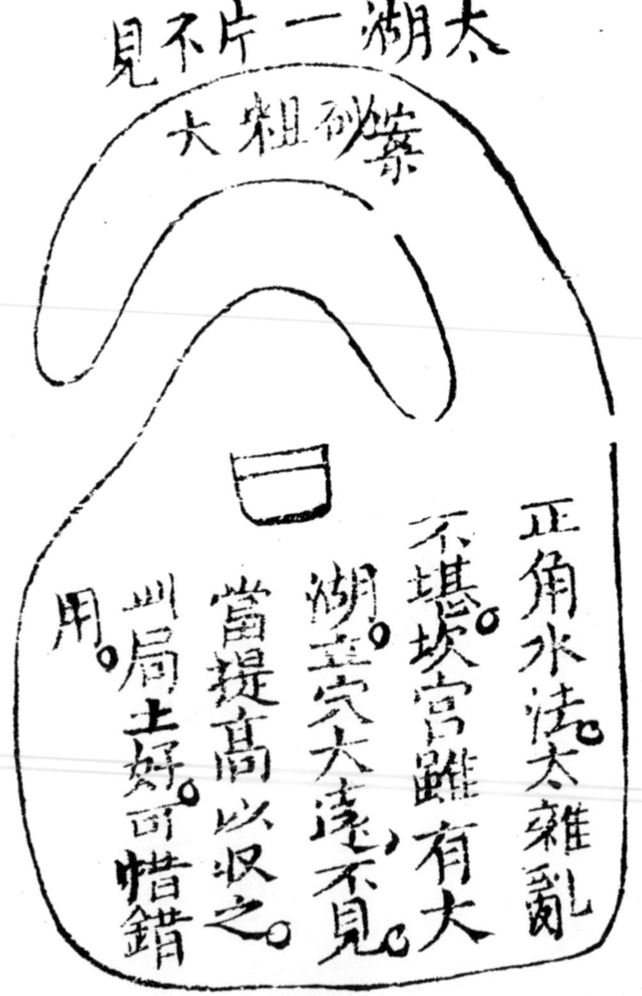

太湖一片不見

砂粗大

正角水法太雜亂不堪。坎宮雖有大湖。立穴太遠不見。當提高以收之。此局土好可惜錯用。

坎

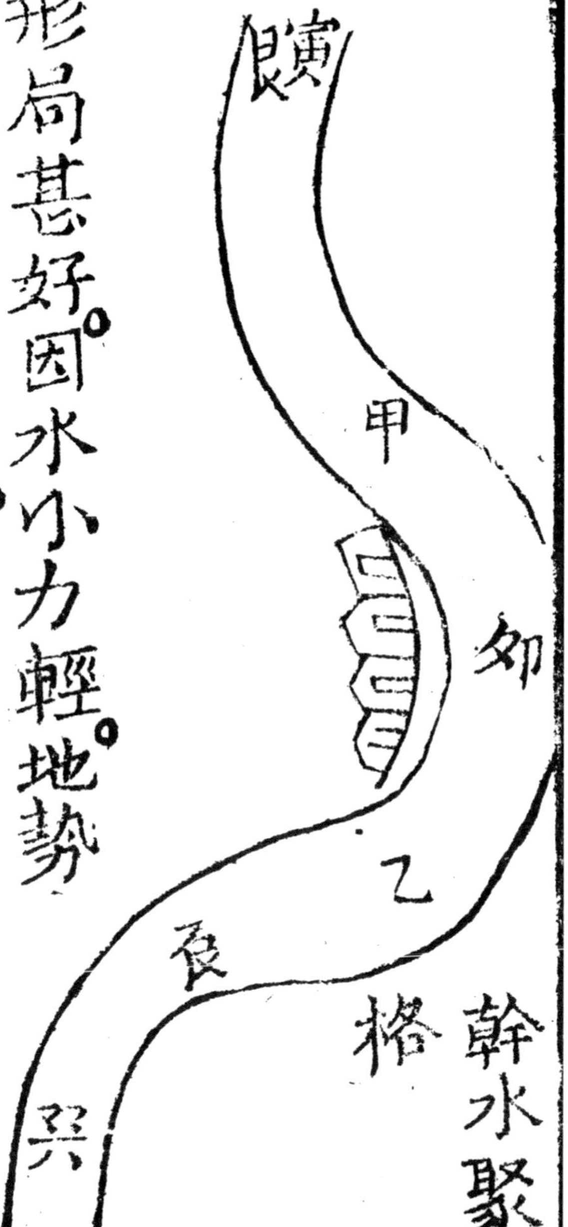

幹水聚氣

形局甚好。因水小力輕。地勢過大。水不能配。發亦不過丁財小秀而已。艮寅長來。宜閉口更悠久。

似有曲折。而非環抱。又無枝水以作內氣。

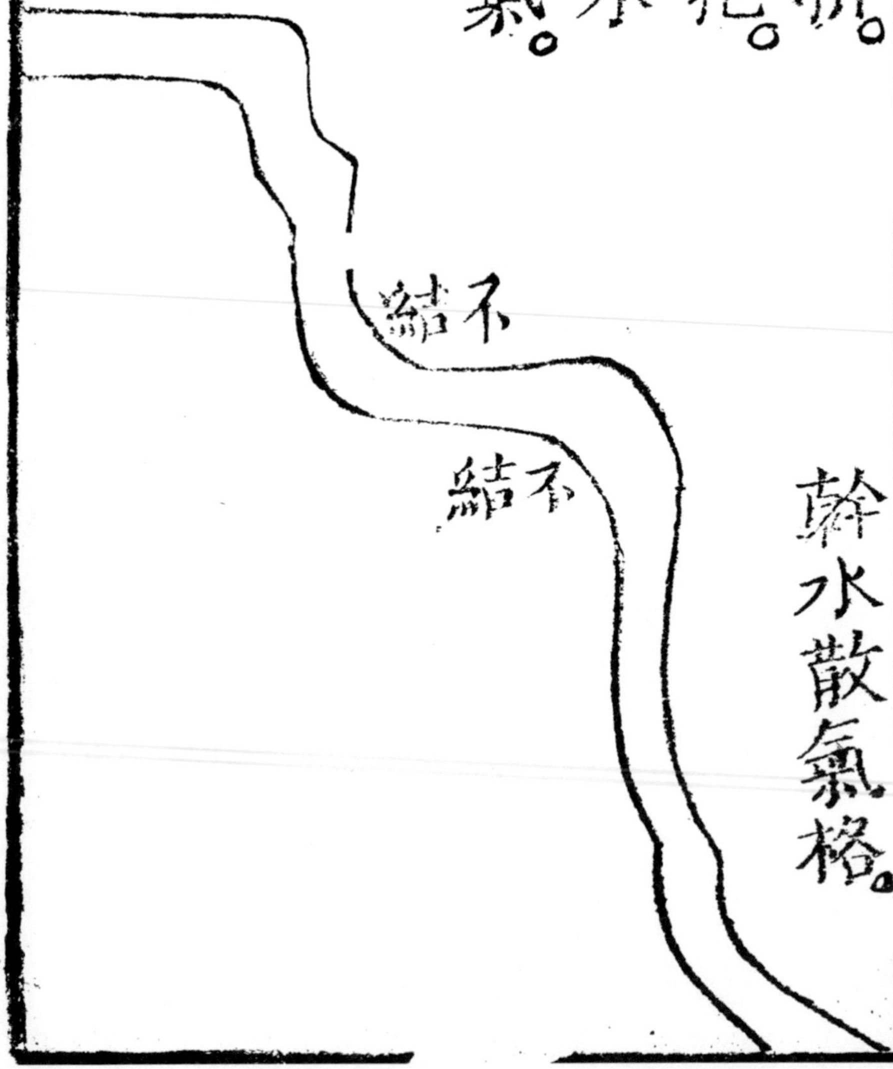

不結

不結

幹水散氣格。

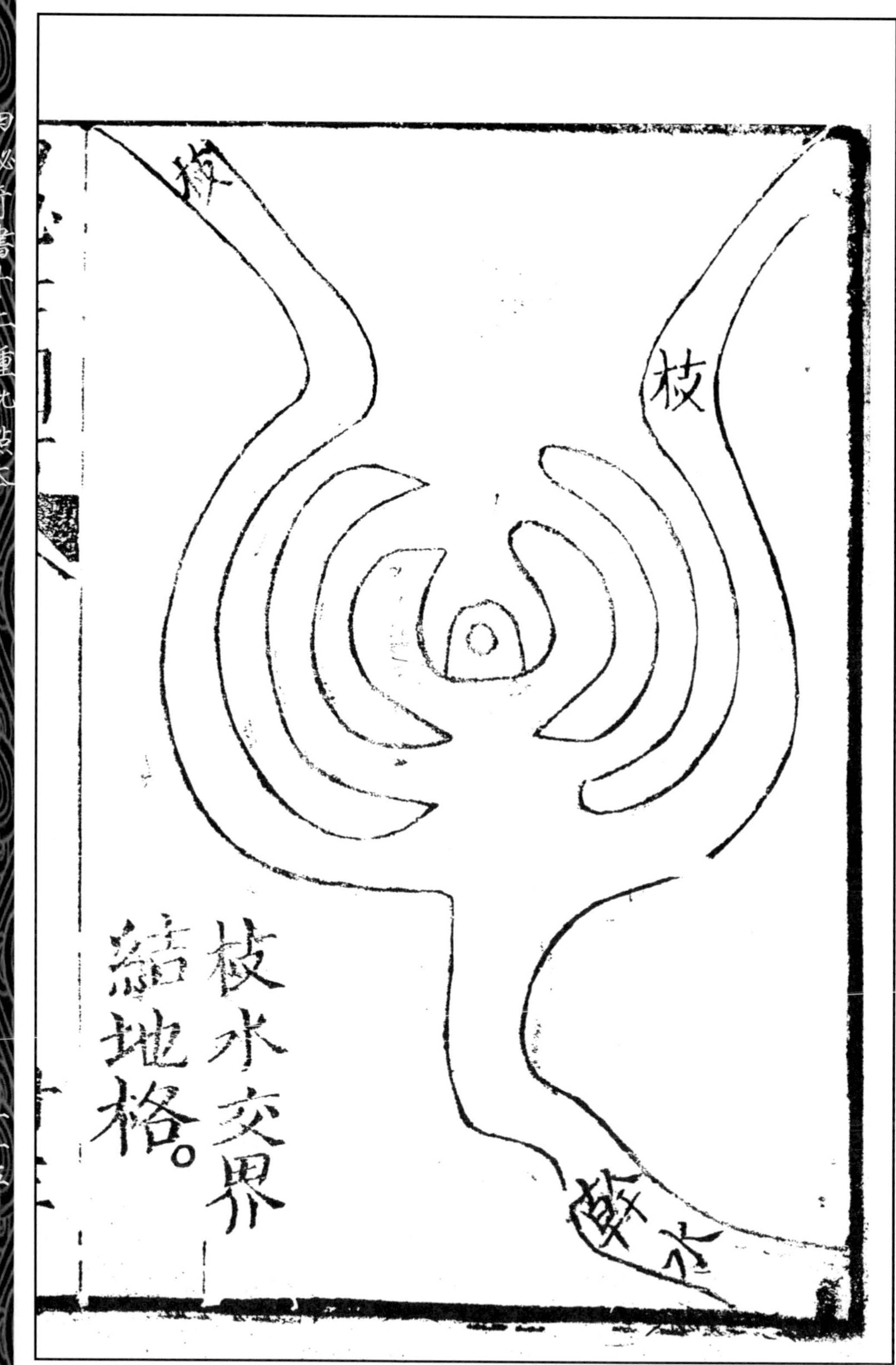
枝
枝
幹水
枝水交界
結地格。

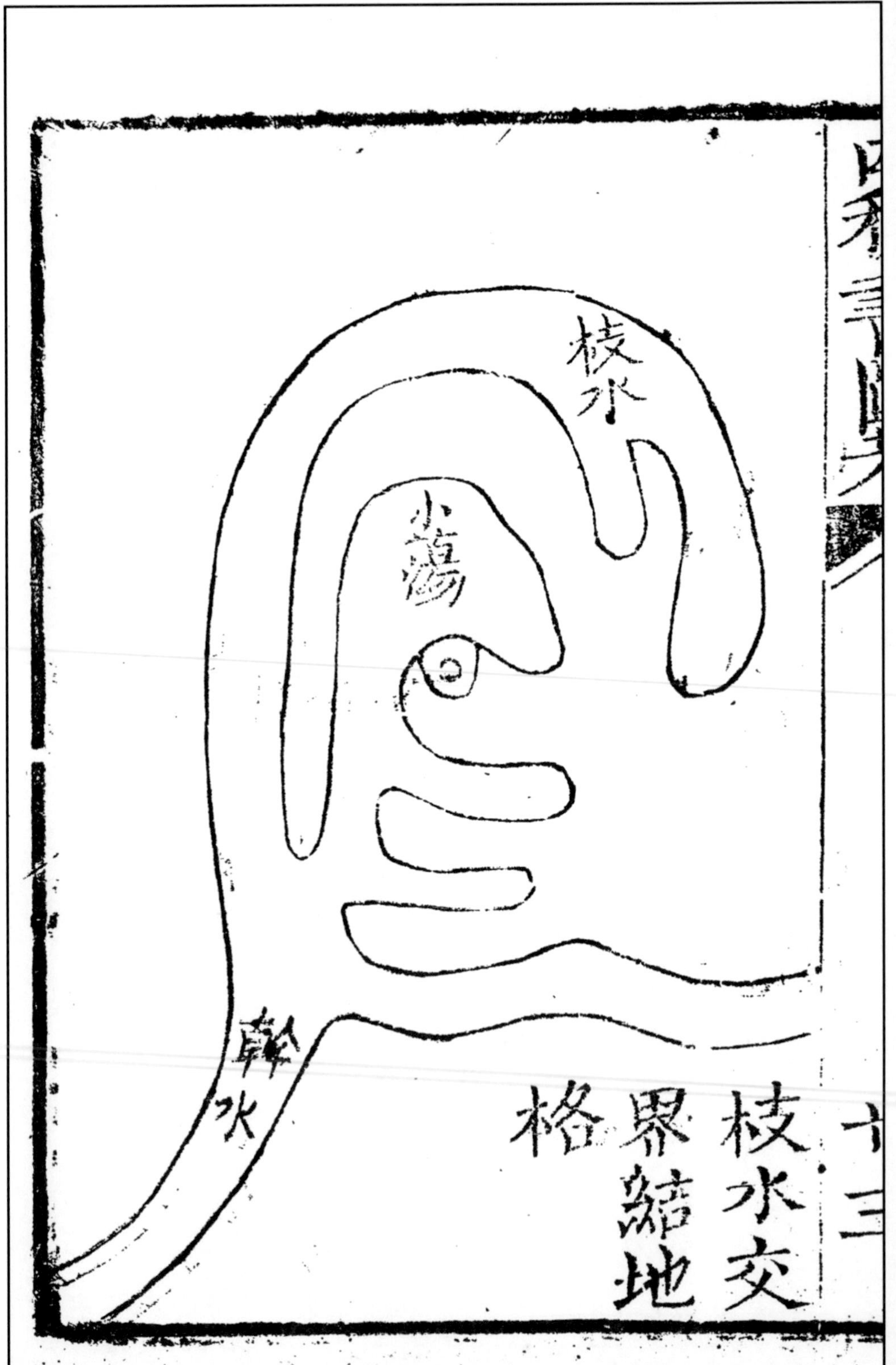
十三
枝水交界結地格
枝水
小蕩
幹水

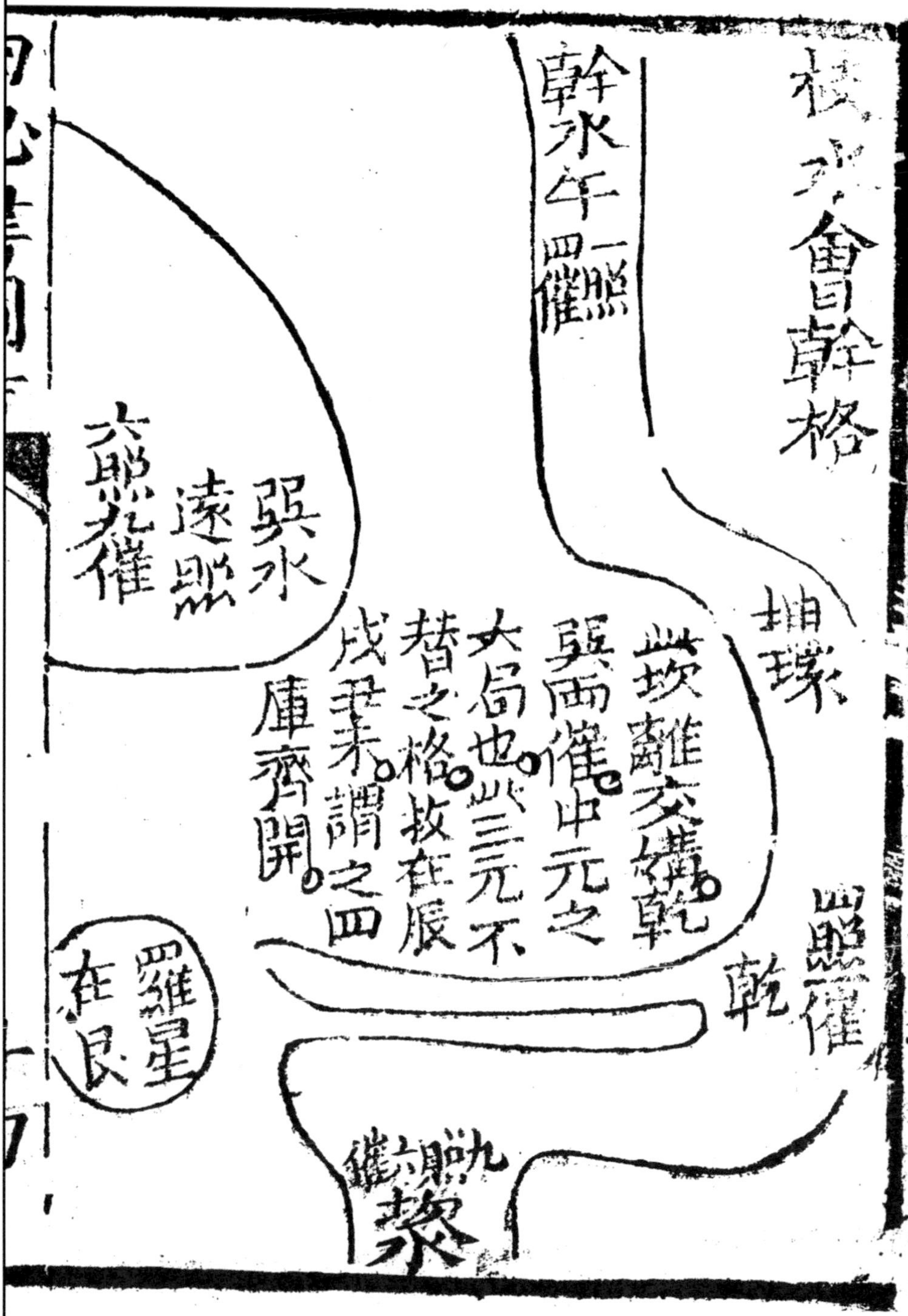

枝水會幹格

幹水午一照四催

坤球

此坎離交媾。乾巽兩催。中元之大局也。此三元不替之格。故在辰戌丑未。謂之四庫齊開。

四照催

乾

巽水遠照六照九催

羅星在艮

九照六催

黎

曲水朝

堂會幹

結地格

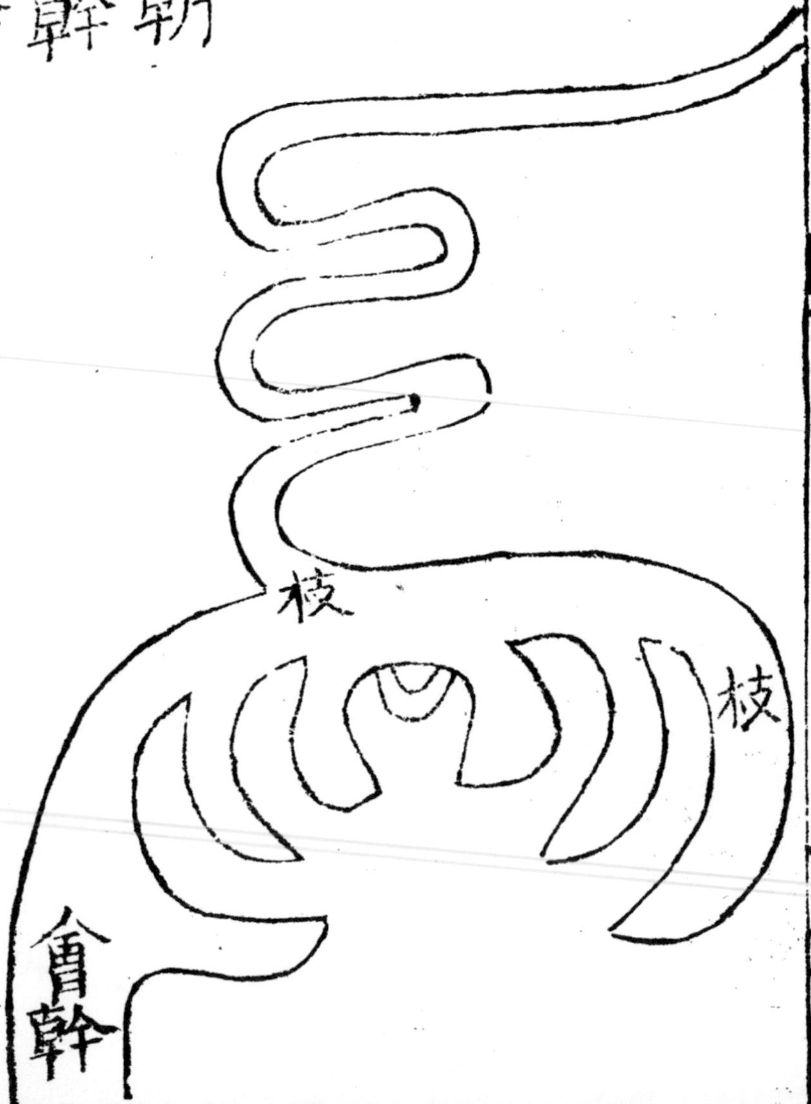

枝

枝

會幹

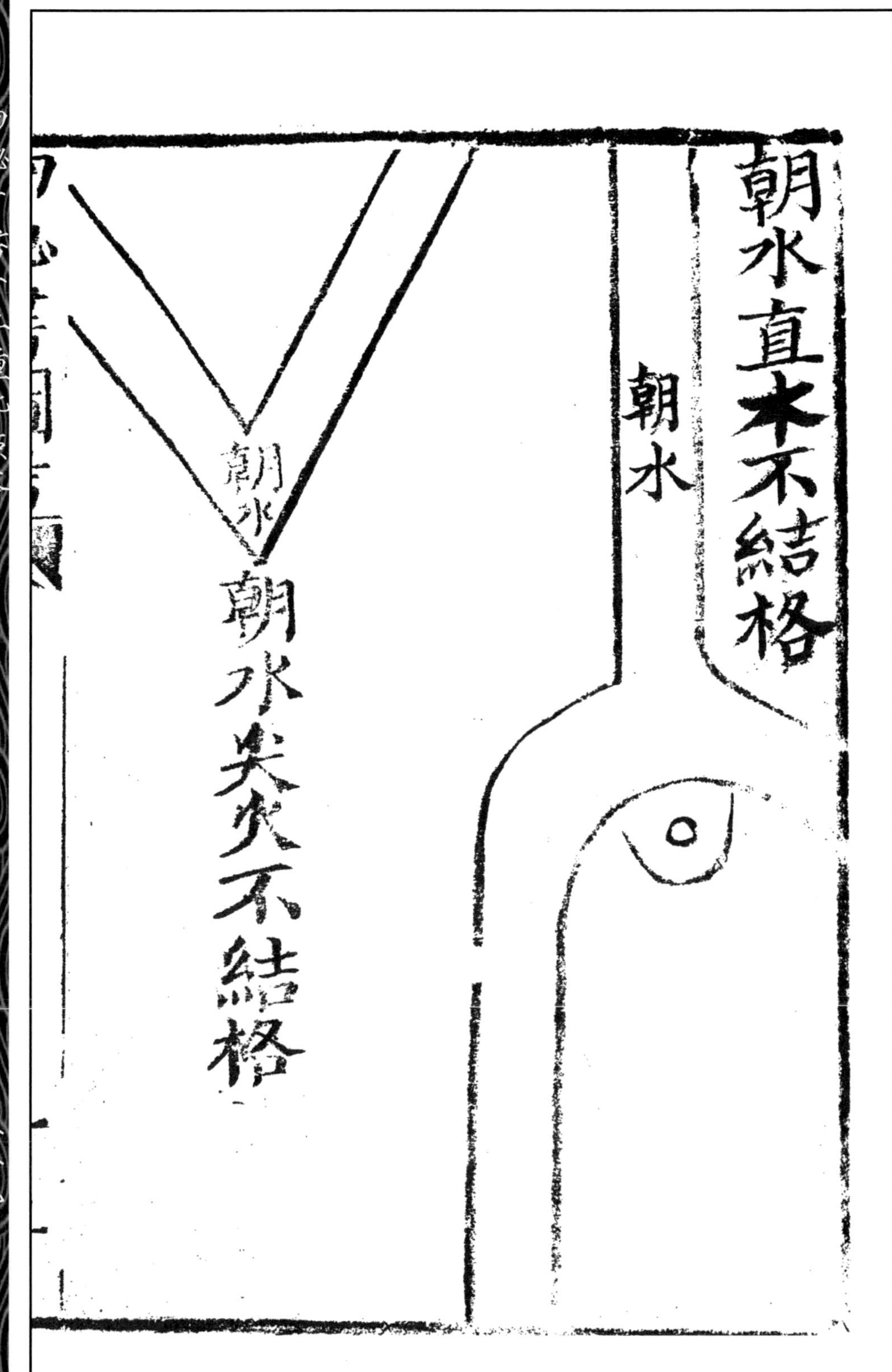
朝水直木不結格
朝水
朝水
朝水尖火不結格

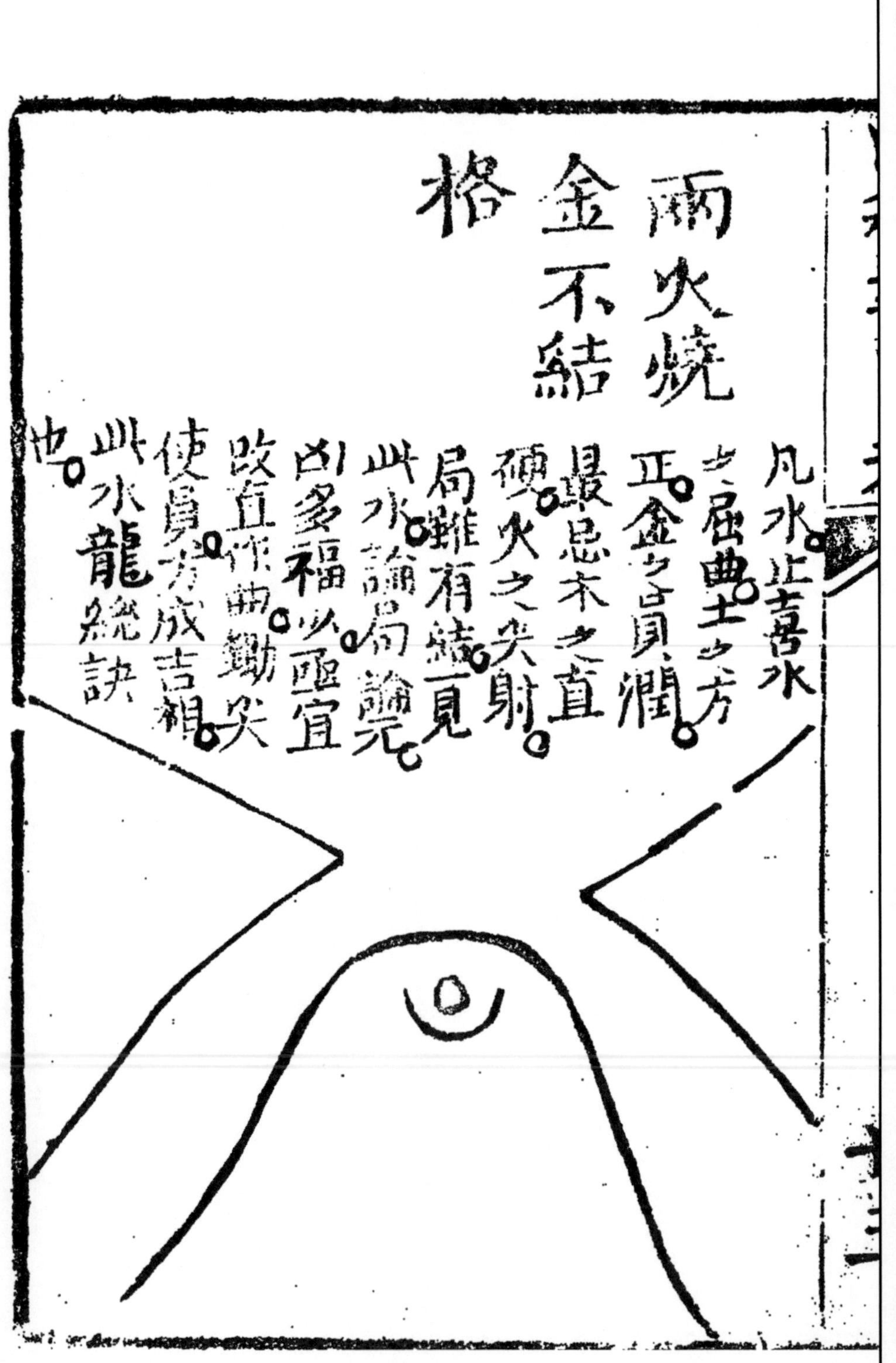
兩火燒金不結格

凡水。止喜水之屈曲。土之方正。金之員潤。最忌木之直硬。火之尖射。局雖有結。一見此水。論局論完。凶多福少。亟宜改直作曲。勢穴使身。方成吉相。此水龍總訣也。

凡定局須看水口之大小。以定前後。六七八九運內。有巽巳卯乙坤未水。必定大發。然或雜以丑艮丙午水。凶煞大甚。定發而不獲善終。

有一地方。一片實地。四面有水。盡屬遠閉。不見水光。若立向能乘生旺之水。亦有好處。設遇毫無設施之時。頗有道暗合。不可概置而不問也。

着眼

細看

凡橋梁宜在生旺方吉若在絕方死方囚殺凶

凡嶠星能障隔死殺氣吉能回反生旺氣吉或迴返死殺氣凶障蔽生旺氣凶此中有遠近平洋山谷之分宜寬窄作用方為的當

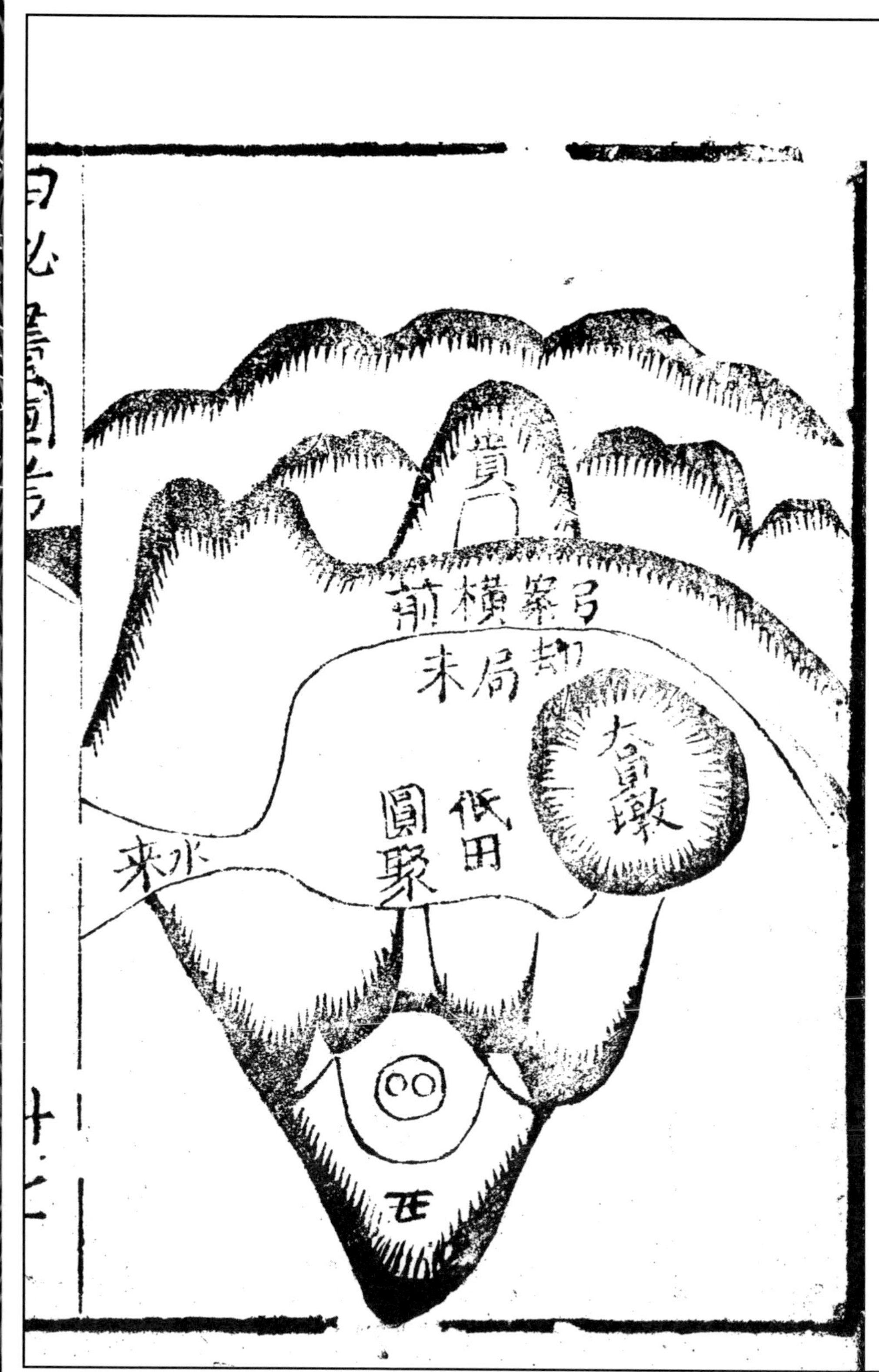
貴
前橫案弓
来局切
大圓墩
低田
圓聚
来水
西

此一勺自軒父母墳也。為本生父胞兄本生父。命次男一勺嗣。其初葬之處。有人於頂腦挖穴。蟻水交害。歲甲辰以。礼改葬於此。乃高山仰窩穴。頂是金星員滿。脚是天葩花開。腹生員平大口。弦稜。侈。側。四頂齊拖。穴外望之。若架上之盆。穴中視之。似笑天之獅。窩中有突。突前有乳。雌雄相顧。血脉交通。明堂員平。窪聚。大堆收局。繫關前家長抱兒中只見三分之一。几上貴人。襲下端坐。不甚明顯。作丑無良。外褲單立未向。猶憶本生之克盡弟道也。每年九月十三。爲父生日。必祭。祭必泣。泣必盡哀。至老不衰。不知兄弟生前。友愛一堂。竟作何狀。至今以六歲孤哀。無能記憶音容。爲恨。聞嘗以云求問族隣。老者曰。本生少父十歲。大父母棄世。婚娶教養。皆父任之。不必姑息。本生奉令惟謹。父足生潰爛。本生請醫不效。夜半焚香告天。願以身代。一日昏去。至於舌舐患處。冀延須臾。頃焉少甦。抱頭相哭。不忍釋手。夫有至性者。必有至行。兄友弟悌。天倫真樂。何能過之。啓我後人。不悌之風。聞此當惕然知省。永垂家範云。

遠山三層如旗馬樓閣來面

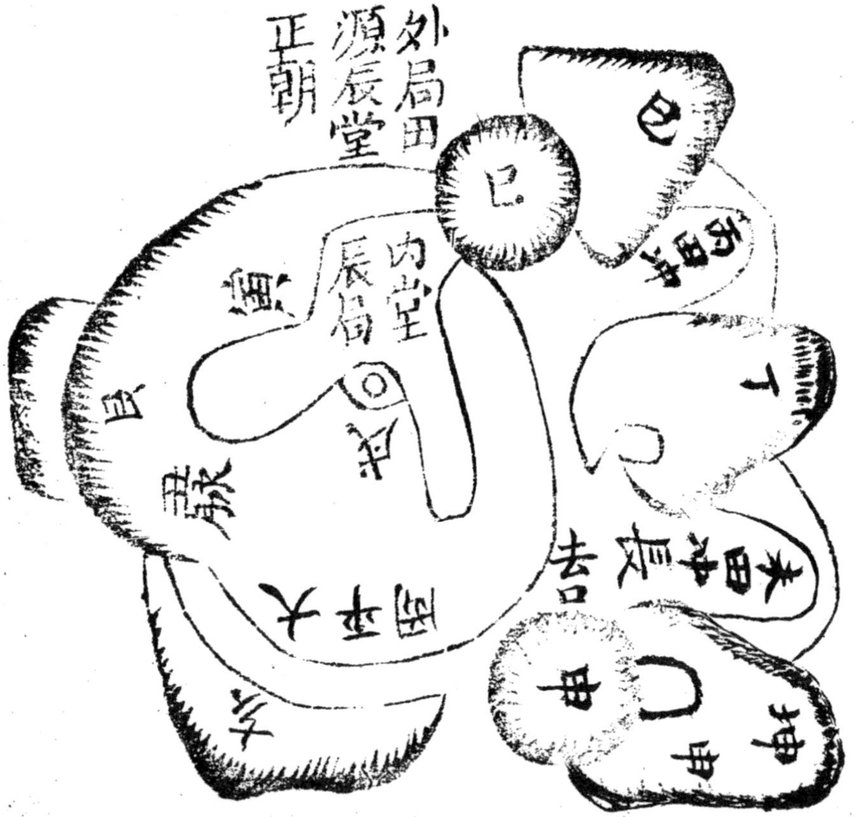

外局田
源辰堂
正朝

巳

內堂
辰局

艮

丁

申

吼一句自杆本生父墳也。係丑脉辰堂未拱戌穴。是謂四庫齊開。已申而卯之後。有巳貴人砂。坤申貴人砂。捧之。腦後托山在亥。左近寅氣亦動。作戌山兼乾。用四生作催官。坤丁作丁財。外碑單立辰向。以辰局最確。合地元卦。龍穴雖小。頗合法度。葬於乾隆辛丑。

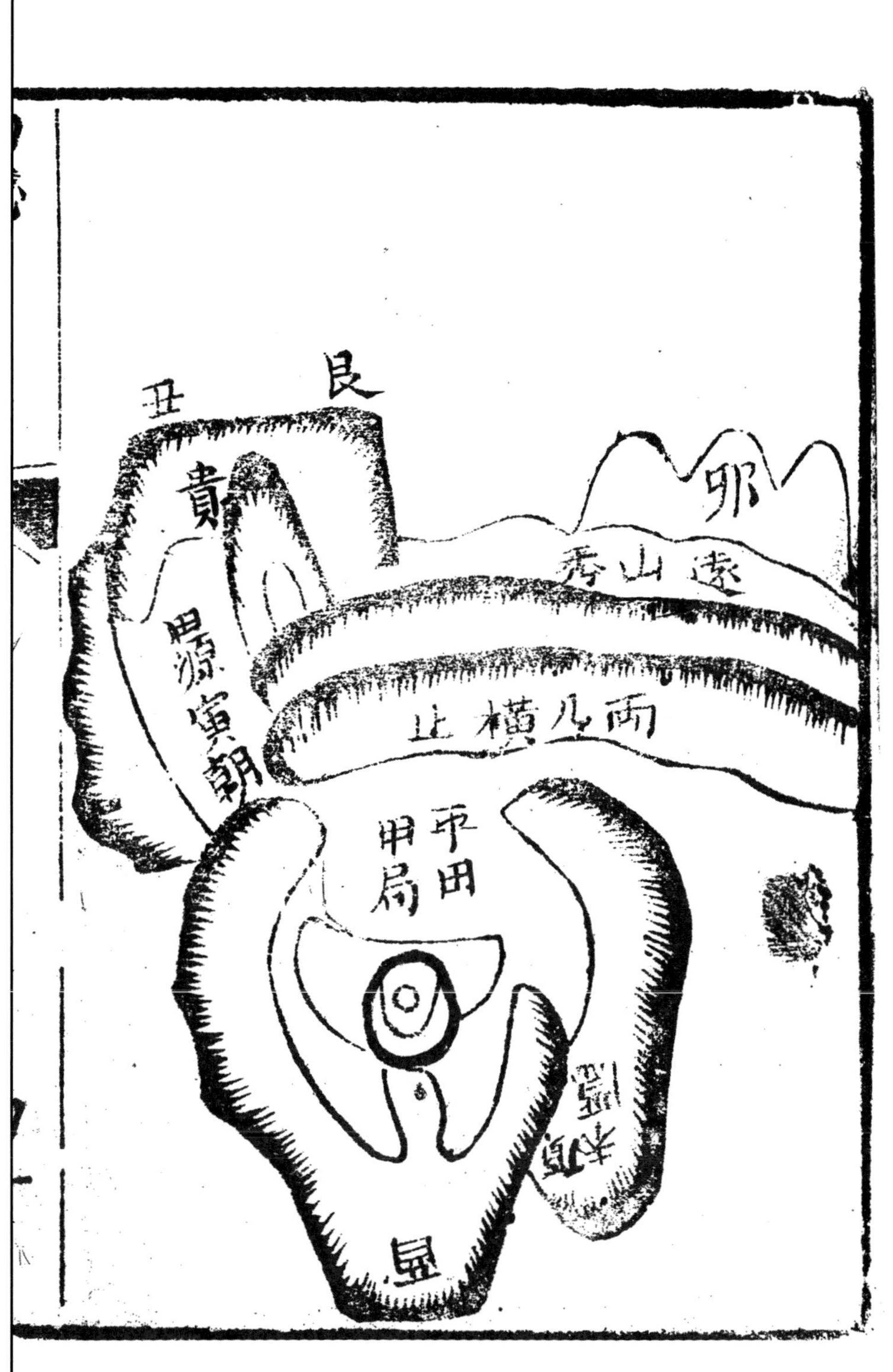
艮
丑
貴
卯
遠山秀
甲源
寅朝
兩几横止
平田
甲局
酉

此一句自扦本生母墳也。兑龍起頂甲堂成局。本身下手砂。弓抱有力。水去蹤密。上砂護短補湊一砂。自本龍來力足相配。一脈活動。自頂抽出面前近山兩案。橫攔止氣。案後一方山如屏。屏下一貴人砂。端嚴坐照遠峯一筆架山現。餘無亂砂。穴頗美麗。惜乎龍輕。葬於巽頂。對脈指穴。昔乾隆甲寅。

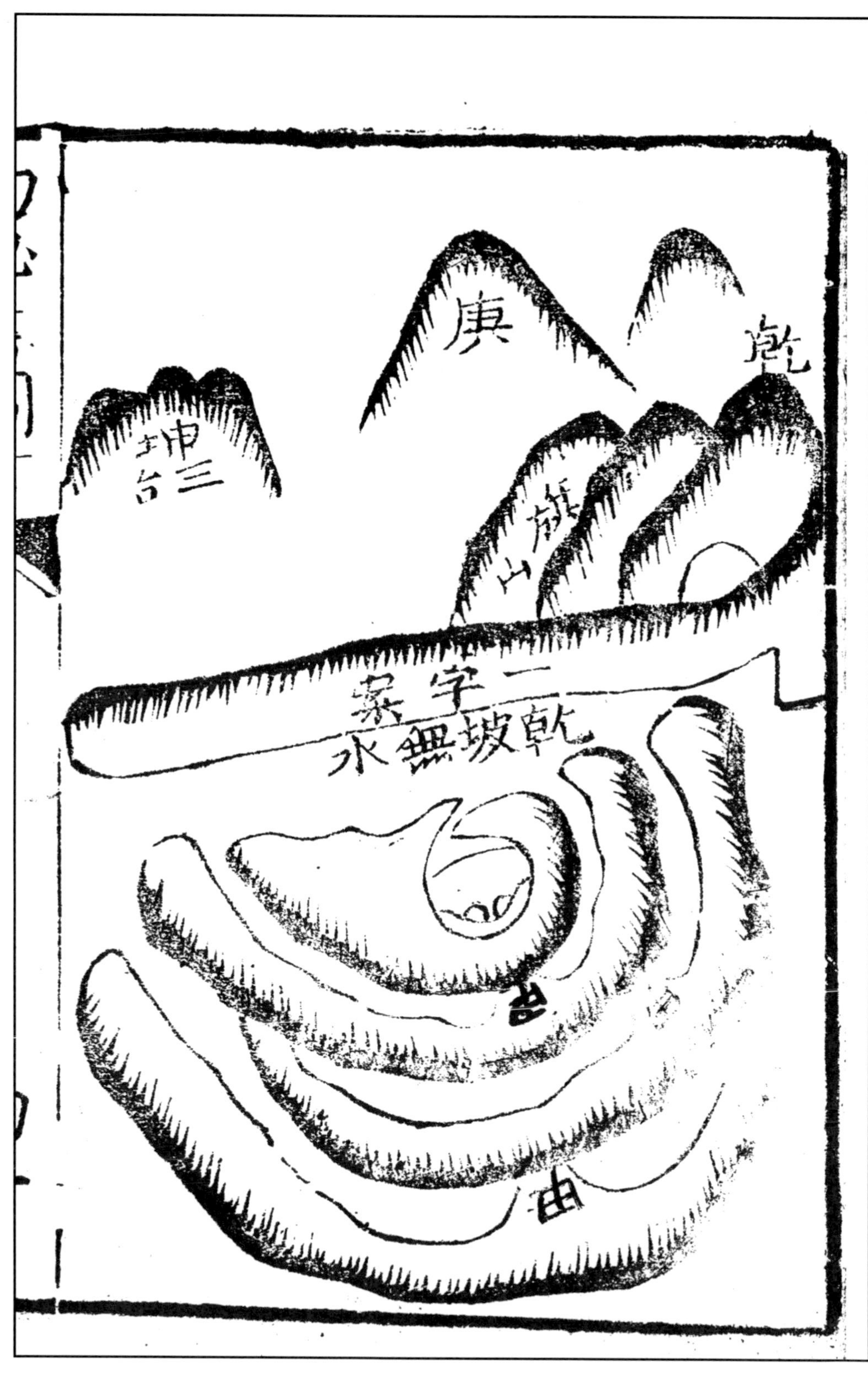
庚
乾
坤
三台
旗山
一字案
乾坡無水
由

着眼宜心會默記

此一句自折長兄長嫂墳。後龍蘆花三梟。穿心脉来結。一眠大形懷中穴。穴開似窩。後勢斗立。用吞。窖。法。兩棺俱入。半。立。內。正鄭。御。珠。寶。法。也。一字横几。即作門闌。俗呼犬守地戶。恰肖。案頭三折如旗閃動。庚峰端朝。在二里外。作甲山兼卯。葬於辛丑。一句初年。亦有志擇地於千里外。近曰遊歷名區。足跡幾半天下。見有葬於百里內

外者亦既置買庄田作看守計矣其子孫
或數年不一登壠祭掃委於無可如何安
知數十年後能保一坏之不遭掘鋤與用
是翻然自省覓盾先人三山俱未破葬之
穴並無旁塚連近獨本生父墳腦後有五
古塚已砌石并脩免人掘犯且本生父墳
在下古塚在上絕無侵碍歲時雞香片紙
敬洒餘燃亦陽宅擇里處仁之餘意耳但

四山俱下地元狹卦。亦聽山水自然。不敢一毫矯揉。豈非為地所限哉。何論其他。以子弟稍知此道。區區一天元之穴。尚求之而未能。則平日之不貪圖遠大。義命自安之意可見矣。深葬四山。總在鄉內。不出五里。半日即可往還。一切不計福利。秖求安穩。亦庶合於先民死徙無出鄉之義云。

辜月、十一月也

寎月即辰月

嘉慶九年春。予姪家植。以需次江蘇。資斧
維艱。得請假歸。辜月、奉
汪稼門中丞公書云。聞令叔一勺先生。著
有地理精語諸書。即日緘封。交永寧何明
府寄來。為望。再一勺先生。現在尚能跋涉
山川。察看龍穴砂水否。希併覆之。姪家植
遂取四秘書。寄呈。十年。寎月、又奉
中丞公書云。接閱一勺先生。形理氣數四

藉悉

函。並徵驗圖考諸大刻。精理名言。實為形家正鵠。精意年方及艾。富有精神。極欲延至桐城。卜壽藏。未知肯貴臨否。予因於十月廿五日。至桐城。於龍灣見湖山雄秀。心知村在必有結作。越日雪霽。即於鸛峰山下。指出吉壤。汪少君驚疑。以為得之何其速也。予曰。至高者山。至大者水。至神者風。至明者堂。予每初到一處。必操是四者以相之。輒觸緒紛來。於貪巨武輔察之。見破祿文廉棄之。山川之谿徑雖生。紛來之心目自熟。百不失一。今鸛峯山龍來。生氣團聚。又有女兒山特出作用神。長江外繞明湖側現。各各合法。予不過就此中山水閒閒指點。並非別有異術也。

夫以世之三年尋龍。三年定穴視之。固無怪致疑於審局太易。點穴太速也。豈知予生平知無不言。

嘉平十二月也

言無不盡。性使然與。嘉平月、至穎州節署。中丞公覽所繪各圖說。相得甚歡。其穴遂定。圖具于左。

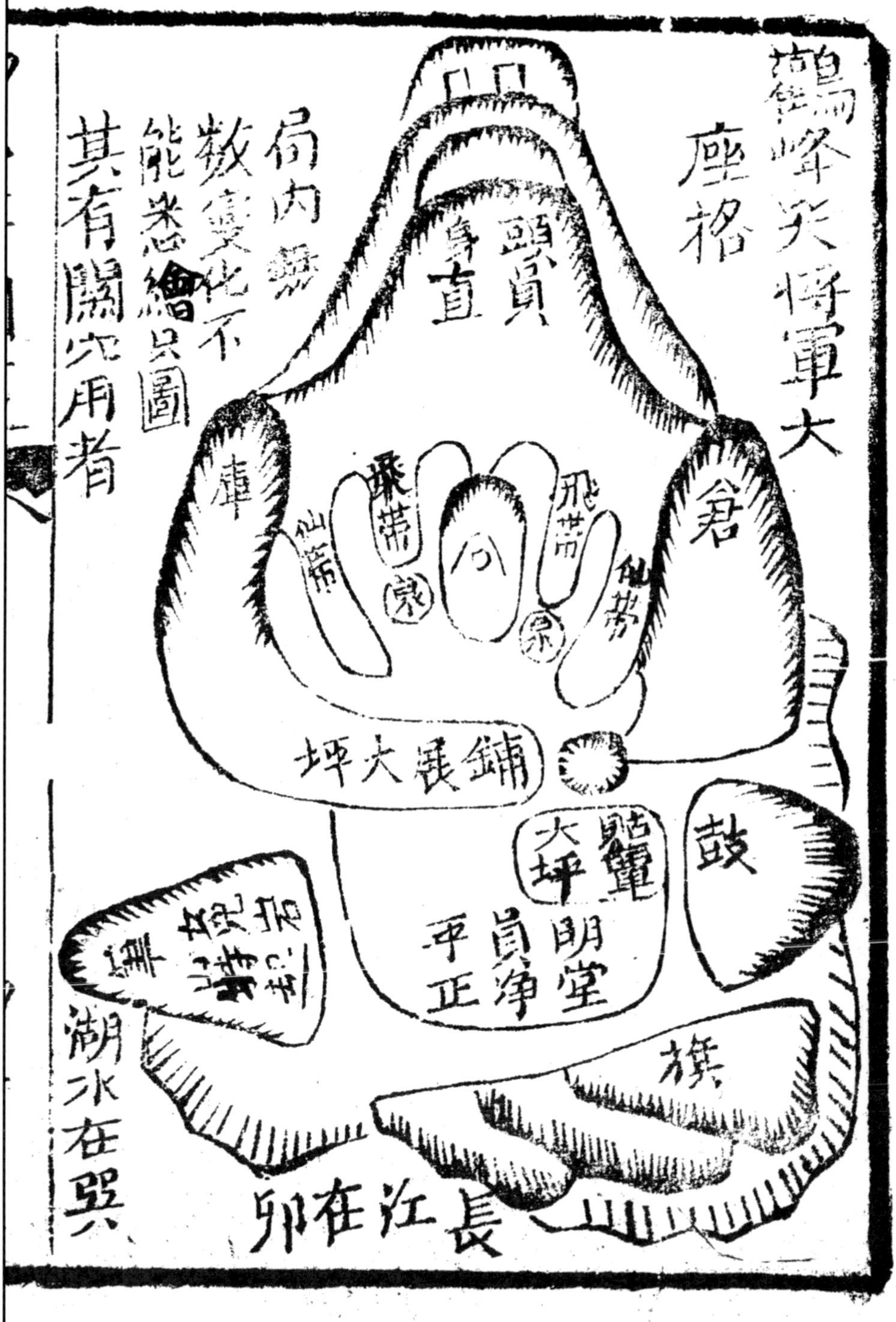

鶴峰天將軍大座格

局內變數變化不能悉繪只圖其有關穴用者

頭員

身直

庫

倉

乘帶

飛帶

仙帶

仙帶

泉

泉

穴

鋪氈大坪

貼體大坪

明堂員淨平正

鼓

旗

湖水在巽

長江在卯

一句子曰小龍灣龍神本好。此龍是小龍灣第一。此穴亦是小龍灣第一。後龍來脉。疊起四個貪狼。身直頭圓。蟬聯而下疊次井然最為貴重。入首一節是鶴膝脉。脉中生一大泡。兩邊夾四仙帶。三條是石一條是土在坤字。所以穴內。亦有四飛帶以應之。以後三頂俱見字串来。尤所貴者第一頂頭。兩片峭石豎立似門。脉從門中穿落。

收盡水光。有總攬長江之勢。應四世公卿。奕代簪纓。六內變代無窮。大墩小墩大坪小坪。加以奇石泉窟。仙帶飛舞。使人目眩心迷。青龍陡起大砂。收局。白虎接連一大低坪。鋪毡開陽。明堂淨正。貼筆方平。右砂辰巽方。特地出一大石山。秀麗插天。為穴用神。土名女兒山。好似吾吉安。歐陽文忠公祖墳。同一石筆。同在巽辰方。於法主生一丈八。與韓歐齋名者。至飛帶、陽坪貼鞏、俱大起大作。各各寬平數百丈。不是隱約小砂。力量本重。此穴於嘉慶甲子。初行運。法應三元不敗。穴心寬長約百餘丈。未遭掘鋤。歸然完璧。以俟有德。

指此穴廿餘日矣。土人有以余鄉仙師草鐸公地鈐示者。一向弗之聞也。但鐸之與鈐、論頗有暗合處。因附記之。鈐云、大龍山。小龍山。大小龍山咫尺間。穴在大龍山尾。小龍山頭。交界處。兩頭望之。總在咫尺。問谷君子谷。谷音、近骨、脉之骨。其脉從君子谷出。即四飛帶鶴膝處。問山女兒山。兌情以女兒山作用神也。月為明鏡。霜為粉。霞作胭脂。霧作鬟。指四顧高出衆山。在兌位。兌為先天之坎。坎為月窟。此月為明鏡之說也。霜粉霞胎露臨衰無過點染女兒山。作用神之意故能從兒女兩字生情。十七穴中仙秘妙。公卿四世列朝班二七穴中。正示人下穴法。將交媾大陰陽都說出。蓋穴在七兌。泉在二坤。二與七交中五立焉。公卿四世。以項起四個貪狼應四代公卿也說。地記大非吾道本色。因鄉語暗合。亦并錄耳。

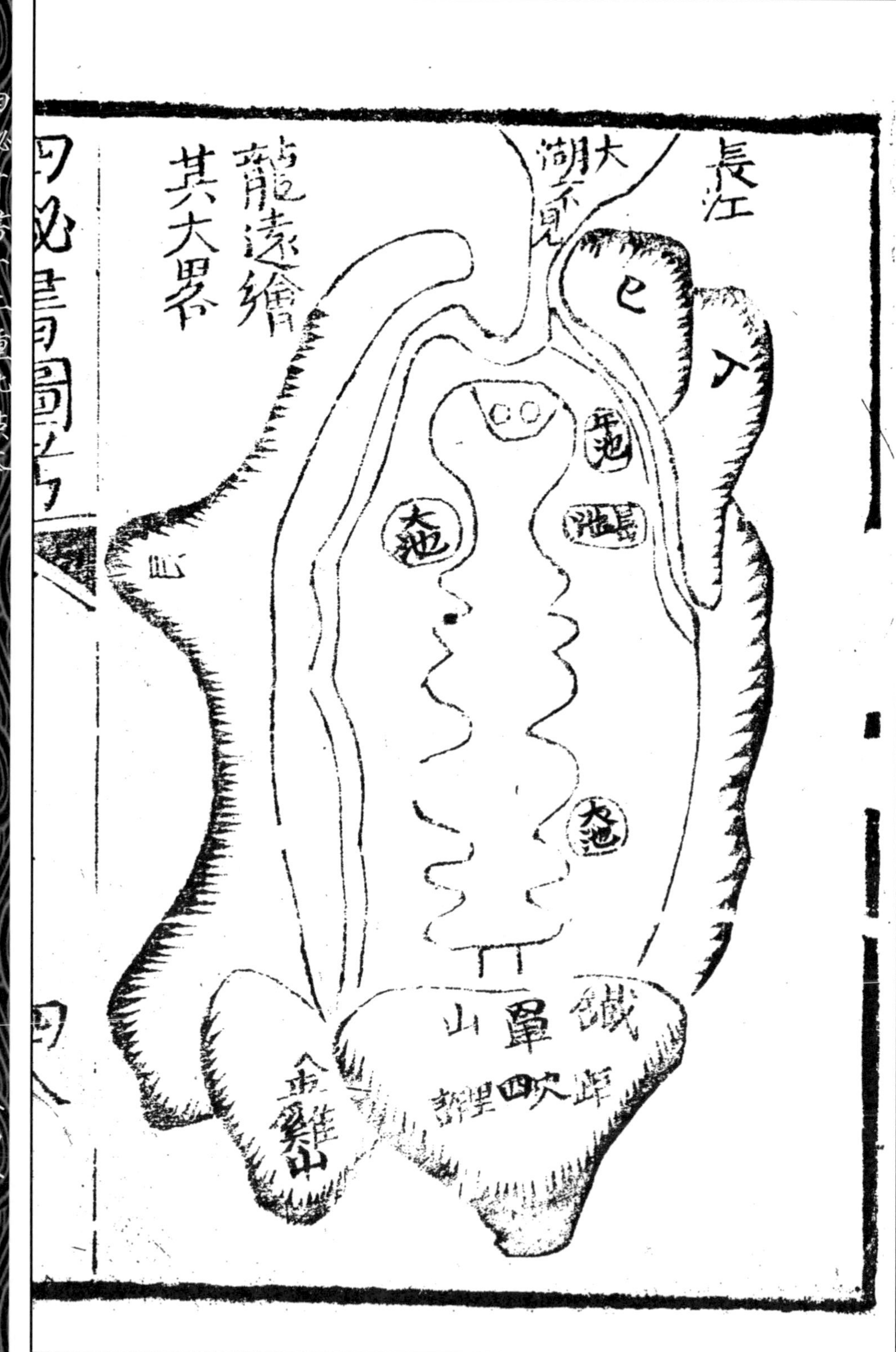
長江
大湖不見
其大畧
平池
大池
長池
大池
鐵單山
距穴四里許
金雞山

罩

誥贈資政大夫。福建巡撫。汪格齋公。樸菴公合墓。係稼門中丞。曾祖與祖也。地在桐城東鄉王家園。其龍自鐵罩山下。穿田距穴約四里許。結就平岡水木行龍。幾經變化。撒落平田。結穴隨龍水穴前繞抱。瀠洄交合。引動大湖長江入辰。脉內天然工字。一連六節。都在乾巽一六共宗。扦巽向兼辰。右近。大泄在離是四九合處。得老陰老陽。

爲一片上格龍氣至平壓和有涵涵莫遏之勢宛然有精有神作輕輕推合之態擁抱情真勒出得力而且溫潤肥澤一層生出兩層兩脉融成一脉已突催官下之穴作祿星峰旺人丁實綿遠悠久之地　大山先生詰問悠久之義一夕子曰龍脉六節合法此天下悠久通理江南澤國其悠久之義與山龍平岡處不同江南山谷每多

大湖湖水之為福極大極速其為禍亦最烈最酷數逢得運方幸福如潮長轉瞬失運難免福似潮退矣此墳能用內水發動長江大湖之機在不離不接之間居半隱半現之內此所謂為我用而不為我害者即近姚家鳳形三穴可以此論起頂展翼正對長江太湖二層水光自足動人欣羨作三停下穴前穴周墳非不發福但見湖

水光氣大旋。一遇失運。敗莫能救。中穴吳墳。湖光稍斂。受敗略輕。最後姚墳。龍氣本盛。山勢力重。足以勝水。故能以水爲用。而不以水爲災。松山張墳。湖光萬頃。離穴悠遠。亦是此法。世人不識乾坤莫消息。止羨姚墳之美。而不知其所以美。詰辨周吳二墳之失。而不知其何以失。自問學力不對三墳而自愧乎。余以鶴峰吳大座人形稱為縣龍第一貴龍固不假以起頂拔萃穴內變多文筆插天用神透露四氣全收而已也亦實以長江大湖似隔非隔若遠若近有綿綿亘亘悠悠洋洋之意足徵長遠且里近方靈皐先生本朝文章第一祖墳具在相提並論家珍可數孰大孰優何妨一一臚列差等也

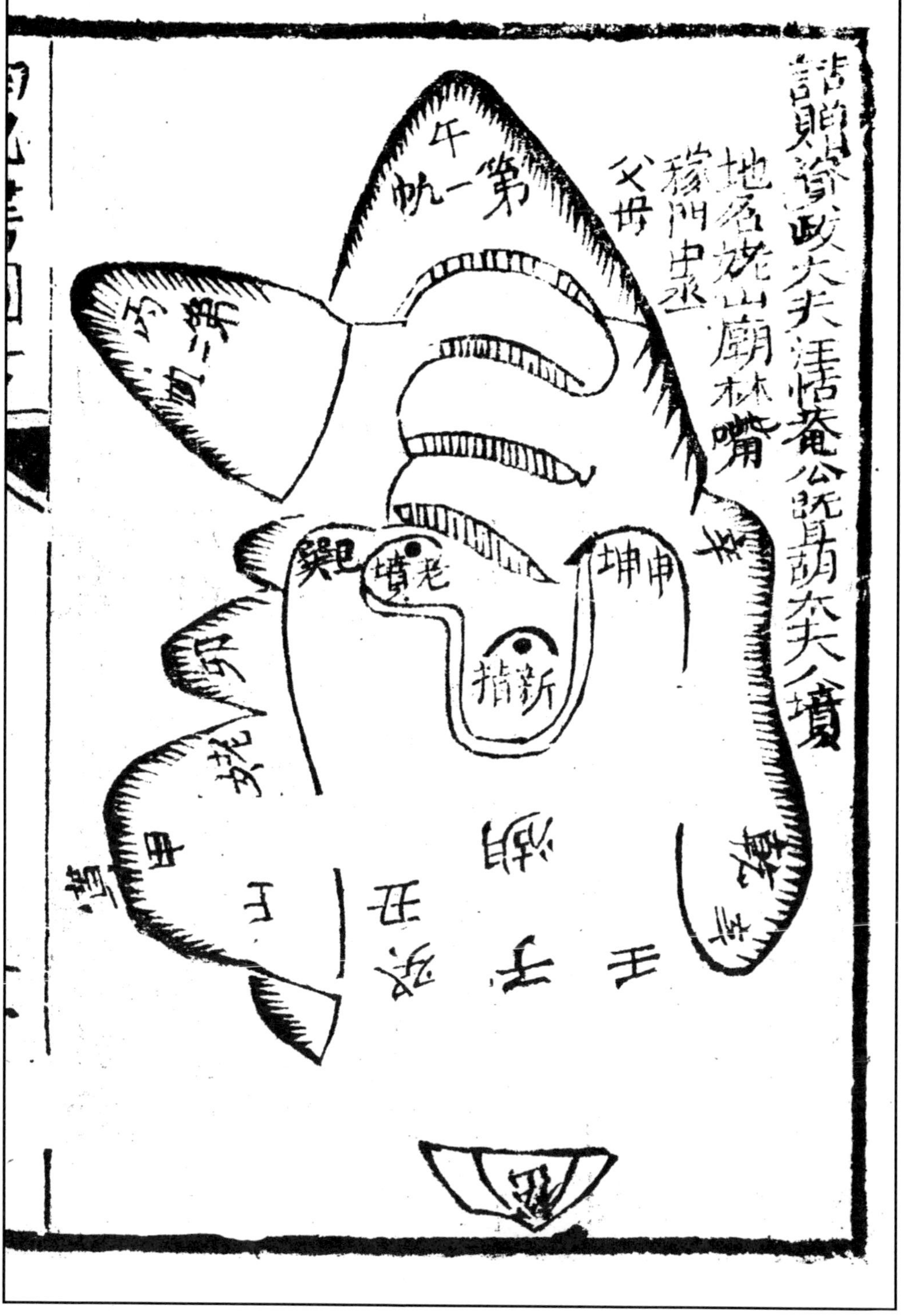

誥贈資政大夫潘恬菴公暨胡夫人墳

地名旄山廟林嘴

稼門中丞

父母

第一帆
午

第二帆
丙

老墳

新指

申
坤

未

卯

甲

寅

潮

乾
亥

壬

子
癸

丑

壬

此樓舡出海格也。舐平五六艙。高掛兩帆風。一望平湖碧。波瀲瀲。萬頃千層。乘長風破巨浪者。彼一時也。坤艮兼未丑墳。葬於丑運。故應宍在。右。扞。止收潮。水。一。半。在丑艮者。化癸。作。丑。砂亦止。收。姥。山。在寅位。上。者。化甲。為寅。此葬葬法。正如善做半面來字。高手恰如題位。不溢一字。焉得不中式。是以催官官高。催祿祿厚。然而地運有推移。人事宜救補。以八運將來。面前有丑艮。水。為害不小。其補救迴避之法。已經面訂。不必顯語。卯令將題目全出。斷斷不可仍作半面文字了事者。此一時也。而脅布置巽。坤水。而邊撥動。甲夾。砂。正題神之鑾駕。處。一齊收拾。入錦囊。此篇大文章。早將元卷自命矣。何也。局內得午。來之脈。午為先天之乾。大哉乾元也。以巽坤二水。清其氣。

宜着眼

以壬子癸水大其用二為輔弼一作正配易曰至哉坤元緯云巽辛文章最愛姥山石頂在艮墳收量是寅宮兼甲二分在午穴則全然是甲甲為天干之首又得子癸巽坤水現光射照午龍午穴正所謂乾山乾向水流乾也全局都屬元武法應解會兩元持此午子甲卯巽辛砂水一篇元文以作論元左券可也况且內外兩媾四神

爽抱一重輔弼一重福輔弼重重福不輕
楊公所云會得天然龍虎時浪打風吹皆
樂土者也天然龍虎者即指兩邊輔龍水
恰是浪打風吹之說也仙師以為莫大之
局極為難得時值下元得一二四宮之水
正屬逢時之技爐火純青候也視前半面
文若積薪然後來者其居上乎

源潭鋪黃土嶺地圖

覆鐘

大路橫後

往桐城大路橫前

堂成
平田

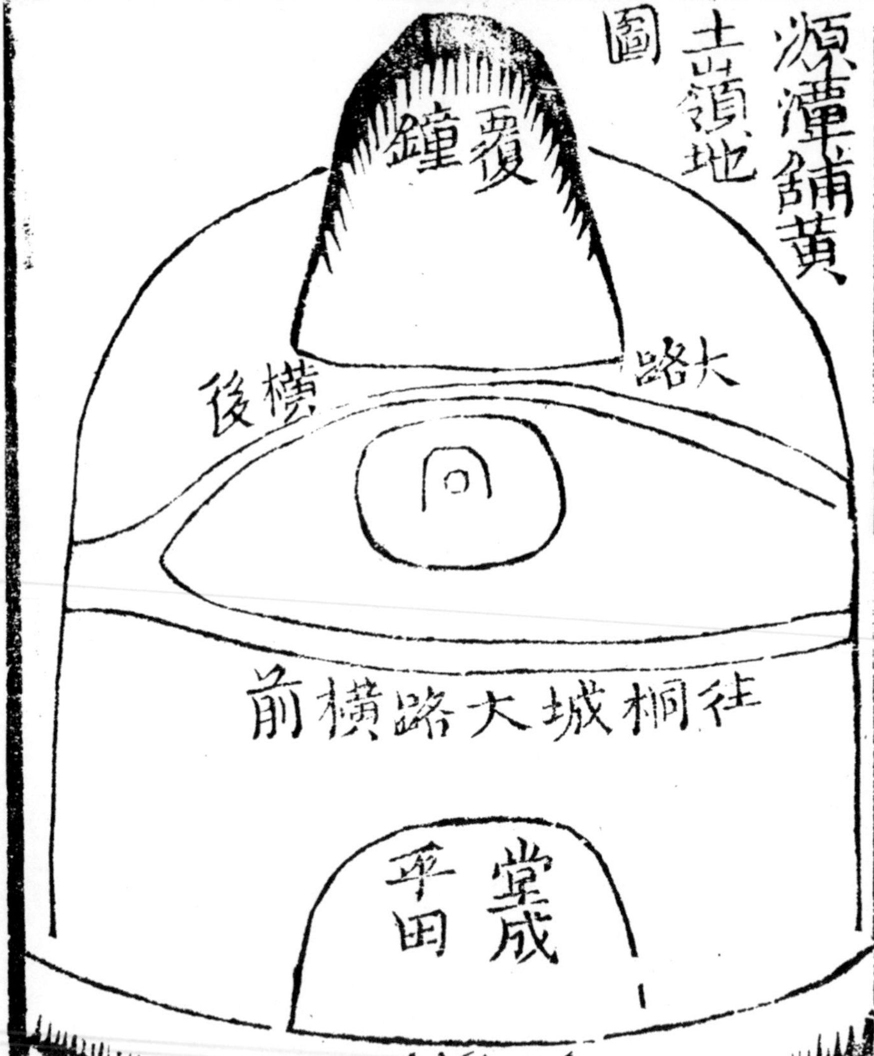

誥贈夫人旌表貞節潘大夫人墓中丞曾祖母
也。穴後是一覆鐘。金頂。頂後大斷。是坤脈。
緊緊短短。入穴結一大坪如掌。坦坦平平。
是金盤鋪毡。掌內開一陽窩。弦稜明白。舒
舒暢暢。窩前田源成局。員員整整。几案橫
攔止氣。几上一晒袍砂。內貼小誥軸一幅。
俱端端正正。無亂雜之砂。無破局之水。在
在具見真的。一望而知為誕育正人君子

之所也。但此係乾隆元內發福之所。嘉慶甲子。數期已過。戒勿。發動。即竪立。碑碣。亦當。在。壽。丈。之。外。縱宜。安。靜。蓋吉凶。悔。吝。生。乎。動。也。作未坤。塟。碑立丁山。

誥封夫人汪中丞公元配姚太夫人地圖。

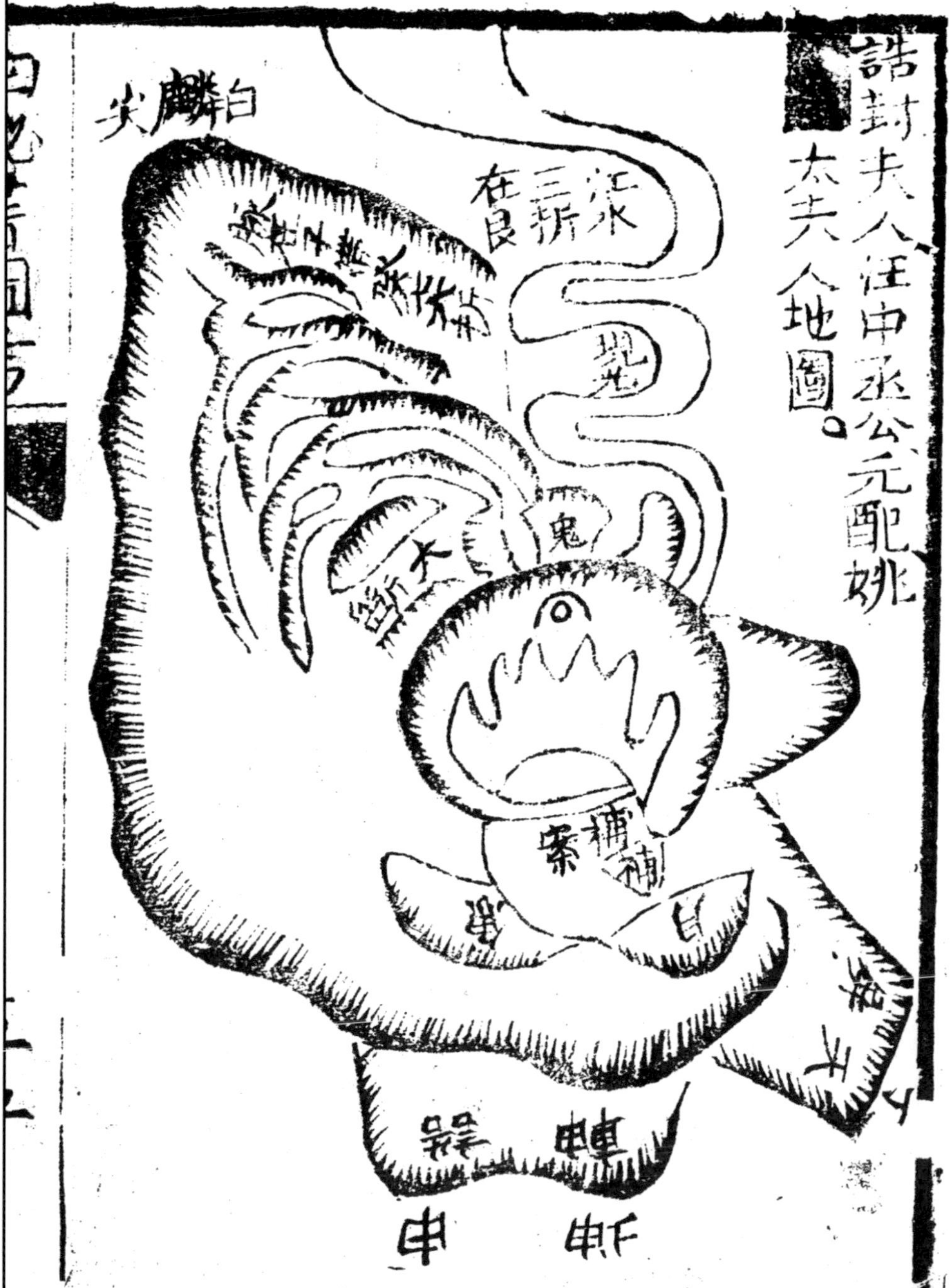

白麟尖

鬼

勒

此汪長以君。大山先生。自卜毋夫人墳也。龍從白麟山出脉。作七大折。結成人字。似生蛇度水。若鷙鳥摩空。楊公所謂貪狼上嶺蛇。是也。寶照經云、節數多時代數久。一節風光一代龍。脉中七折。俱任子字帶癸。法應七世簪纓。入首大跌太斷。作橫弓馬之勢。尺峽度過。頓起星峰。朝祖結穴。穴內重龍重虎。面前小山排牙。一案緊收。案上出一展誥在坤申以申作催官左近御屏端座方正嫵媚在丁作用神略帶午二三分惜堂局以虎砂尖竄爲小差耳法應將虎尖培成眠案化爲吉曜又龍砂止處略濡向外法應補平尤喜穴背豐滿三鬼鼎峙有力穴在溫潤長乳腦後小河艮水三拆影射穴中肥乳大氣未舒靚無用之水亂局使有力之界不撐尚未盡穴力量

福力應減急宜扦低五尺或七尺使乳氣發洩後水蔭注砂不亂局既鼎有力此取勝有送之路善後得長策之妙用也須知此穴無此脈此乳此水高扦亦可既有此水此乳此脈則何不盡其力量而全收之大山先生深許許確緩既而發葬低七尺

輿重

虞山之勝，聳秀奇特，蔚然雄踞，獨尊一方。其鋪展空濶之態，變化無方之體，包涵一切，孕育萬靈。環以東西二湖，帶以南條長江，疏以常昭細流，織結交鎖，瀠注滙聚。自是江滇一大風水，天氣東來，西湖是大作用，天道西行，東湖是眞用。禅山內有特出堂奥，特立門戶，自具乾坤之處，是爲上上公侯卿相應焉。於小有堂奥，小有門戶，合乎

細會用神正在東湖又要將西湖挨到坤方去作二七共處以為姤合蓋運水挨坤方正內交媾也

造化處是為中上。翰苑科甲應焉。於無門户堂奧僅可收龍收水處是為中下。財富中貴應焉。其不得龍。不得水者是下下矣。目今用。神正在東湖。又要將西湖挨到坤方。去作二七共處。以為姤合。方成真正大局作家。愚初登山通局揮開頃刻之間。即獲大局者二。為張息園都察御史一。為歸晚霞浙江方伯壽藏一。

用神正在東湖。是外交媾也。

東湖

海

西湖

霙山腰頂中畔。近西湖邊。結成一大陽窩。地名龍陽基。來龍纍纍如貫珠。皆積石為體。入首是一大陽金星。豐肥圓滿。頂下開一陽坪。坪內生一金墩。穴即緊頂金墩。收盡龍氣。穴前有清泉一口。土人相傳。雖逢大旱不竭。此陰龍泉也。石山開出土坪。暈外有土紋。望遠可見。此皆奇蹤異跡。足徵龍真氣厚。登立向之妙。又迥非時師所可細心記之。則取勝有選鋒善後得長策之妙用得矣。

測議此局東湖在東西湖俱挨到坤地大海在坎部舍三水而對朝峰作辛山乙向蓋有精意朝山即出本身有力一也頂上曠蕩用以收局二也灣抱有情三也水多處以山為貴四也他若晶光照佳親切嫵媚暈外土脉勢親於朝又其餘事且穴受一二三四宮水六七八九運應富貴無比特朝峰而不朝水廊嫵一時發洩大盡故

意為此穴。留有餘。不盡之福。及乎上元。正屬補救良法。實亦穴情真機。兩穴作用略同。故亦另圖此穴。嘉慶十一年。正月十二日。為鹿樵舍人故父張息園侍御指之。

小水入口

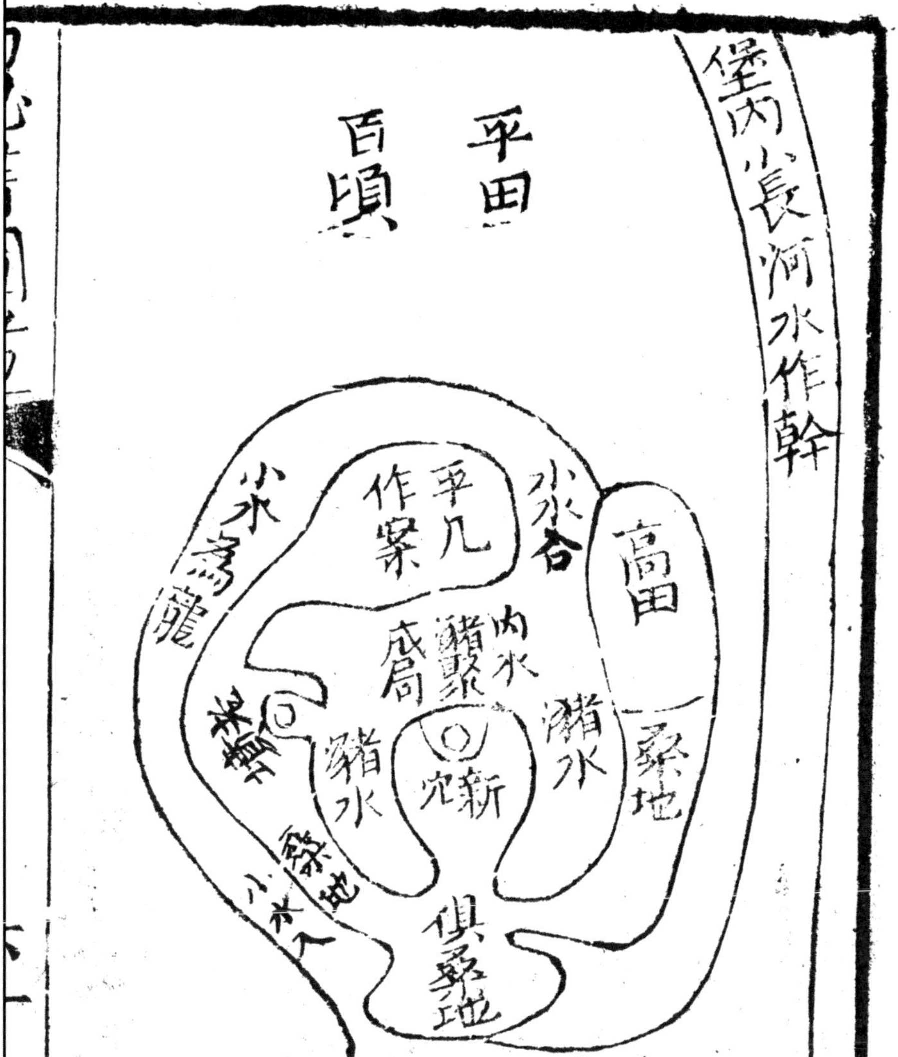

堡內小長河水作幹

平田

百頃

小水為龍

平几作案

小水合

高田

內水豬聚成局

豬水

豬水

新穴

絲地

絲地

小水入

俱絲地

水脉入

浙東湖郡。菱湖慶四堡、牛家圩、陰宅。係水

龍。由老幹脫化嫩枝。結成大格局。堡內巨

河是幹。分得小水是枝。老墳砂環水聚。猶

是枝中之枝。何以見之。正枝自必正出。旁

枝自必側出。近幹為正。遠幹為枝。今大幹

在午。老墳在坎。勢居於側。形在乎枝。然以

大形大勢合觀之。此龍凡兩轉。結成兩圈。

以外圈水為龍。以內圈水為局。外圈轉如

環圭。內圈澄如豬聚。老墳僅得環豬之果。其發福已與尋常不同。可見龍穴總在一真。真龍真穴之處。收得一半龍力。其見效已如此。況得正穴。將全局龍水內外一齊收入乎。且察砂亦在大圈之內。不假外設。真美局也。豈敢謂目力之巧耶。抑亦徵主人心德之厚爾。一向久於此道。每至大德之家。必看出大地。此中誠有莫感使而使

之者。即自思之。亦不知其然而然矣。嘉慶丙寅二月。捐此爲吳會張蘭渚方伯、太翁壽藏。非偶然也。記此以存後驗

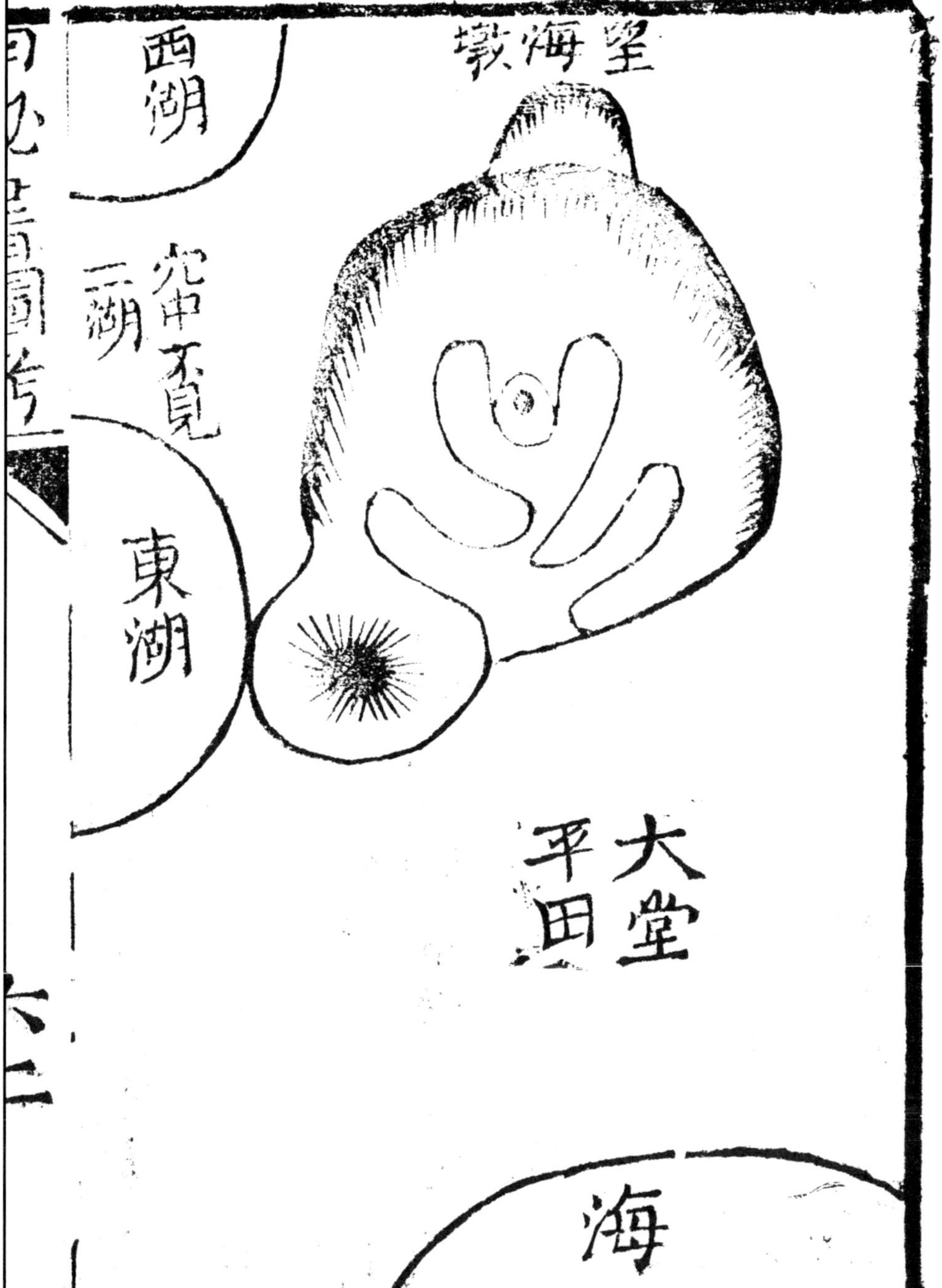

望海墩

西湖

常不見二湖

東湖

大堂平田

海

余謂靈山上下福穴。當佳常昭三年。方可看畢。此次尋山七日。已得十二吉壤。此其一也。而水龍平岡二處。結作尤妙。更可用而倍工夫矣。此係布鰍地。為歸晚霞方伯指壽藏。腦後有望海墩高照。左右有兩重砂抱護。左辟維摩頂豐員肥滿。添護在巽方。面前有大田平堂。大海遠朝。局勢緊聚。氣力濶大。正乘時貴格也。作酉山無庚命月在蘋撫節署。出遊范墳。遇徽州堪輿徐云：冀山極秀。稱美至再。詰以秀狀。惘然莫答。余曰、冀山直混沌塊物耳。何秀之有。其人且驚且喜。游移莫主。因解之曰。以冀山能觚秀則可。若竟目為秀。直誣之耳。大凡山之秀者。文筆、屏幃、三台、誥軸、旗鼓等砂也。冀山有片土作如是等狀者乎。既無等形。妄稱為秀。是豈山靈知已。徐云、廣山之下代產英賢世人莫得其稱也余曰此其所以為寰山也蕩蕩乎巍巍乎無能名矣總數百里范海大地而此山特起大風歸之大水聚之自足以收攬天和而茲山不作奇峰不立怪狀渾渾噩噩神靈變化莫測端倪於收氣處可大發收水處可大發收山處可大發收脈處亦無不可大發者余於寰山低徊留之覺得是四者洋洋灑灑

紛來入目蓋取不禁而用不竭也豈眞此
之慶哉實常昭之士之大慶也
此處陰來陽受一點露光現於小坪宜
略加闢僻小作塋堆不用土圍嫌其蔽
陽其大羅圈可於兩股分水外照界砌
之建枋牌即在墳下內堂小水高處與
墳相配不高不低相其大勢作之穴情
上下俱已埋石分金亦定之要開土在上

一石離尺許。葬三尺六寸深。余將旋里。
預將葬法。先定於此。

雲間蔣平階補傳

豫章尹一勺補義

地理辨正補義

此書發明元空大卦大陰陽大交媾下卦起星之法未免大洩識者秘之

四秘書第一函

蔣平階原序

通三才之道曰儒。故天官地理。皆學士家窮理之本業。而象緯之學。正三統測災祥。儒有國家者之事。獨地理為養生送死。生民日用所急。孝子慈孫。尤不可以不謹。宋儒朱蔡諸賢。間有發明。見於性理書中者。班班可考。顧僅能敷陳梗槩。而未究其精奧。或者進而求之。通都環市管郭諸書。雖其言鑿鑿。而去之逾遠。斯其為道顯而隱。誠所謂間世一出。非人不傳者耶。余少失恃。壯失怙。先大父安溪公。早以形家之書。孜孜手授。久而後知俗學之非也。思窮徑絕。迺得無極子之傳於游方之外。胥其傳。又十年所。於是遠溯黃石青烏。近考青田幕講。彼其言。蓋人人殊。而厥青則一。且視天下山川土壤。雖大荒內外。亦如一也。其庶乎地學之正宗在是。輙欲舉其說以告學者。又不容顯言。無已、則取當世相傳之書。訂其紕繆。而析其是非。使言之者無罪。聞之者有所懲戒。而不至於亂。辨正之書所以作也。夫、地學之有書。始於黃石。盛於楊公。而世所惑溺而不可卒解者。則莫甚於玉尺。故論斷諸書。彙為一編。其俎豆之與葬書。皆以云救也。于姜諸子。問業日久。

經史之暇。旁及此編。豈好事哉。我得此道。以釋憾於我親。從我游者。皆有親也。姜氏習見編而遽梓之以公世。其又為天下後世之有親者加之意歟。允哉儒者之用心也已。

俗都富美。恭逢
經學大成之會。則堪與家言。亦此必
有名無著。其細之載。一旬子敬謹
遜席曰。是何敢。是以殺但念竭
一生之精力。於揚曾實奧。僅可

及處。若嘗若美。尚祈升堂入室者。或有不逮。則執此卷以資之先容。其可也。

嘉慶九年甲子下元之吉。

豫章尹一勺書。

地理辨正補義目錄

一卷

青囊經傳補義

附天元全義說

附大雌雄大交媾說

二卷

青囊序汪補義

三卷

辨僞論

一勺子曰。韓公力闢佛骨。而佛道長存。王公欲諫天書。而天仙不朽。蓋仙佛亦自有可存不可朽者在也。固非天下之有大力者。可得而闢之滅之也。蔣中陽之辨玉尺其韓公乎。其王公乎。夫玉尺之於地學。比之三教。亦仙佛等。青囊則論孟學庸。玉尺則陰符同契耶。蓋玉尺亦自具一能存不能柄者焉。嘗序云山上龍神不下水。水裡龍神不上山。蔣云山上五行用以排山。水中五行。用以排水。分路揚鑣。不相假借。是明明知山上之五行。不可用於水。水上之五行。不可用於山。口既已明白言之。心詐不明白知之乎。吾謂深知。玉尺者。無如蔣氏。但激於近。世之。習。堪。輿。者。未得。玉。尺。皮。毛。因偽。承偽。若不極力闢。之。毀。之。不惟玉尺山法被偽注淆亂即水龍平陽諸大法未可大白於天下也其體未立其用何歸猶吾儒未盡力於子臣弟友而高談虛無元関穽是以艰苦思維必欲如韓公之人其人火其書而不為王公之美珠箝其口也此中陽雜駁苦裹躲難然玉尺之龍法九星水法八星砂法七星迴山上龍神之至精至微刻期刻應之真秘問但一為偽

註淆乱。一為俗術撰綴。神文所存。盖已無幾。此王尺之所以可辨可毀。無怪乎蔣氏辨正書之作也。第天玉曾序諸篇。予閱坊間刻本。不下數十種。止蔣氏傳注。独得其真。其外為俗術撰綴。偽注淆乱者。何可勝舉。思亦如蔣氏之去偽存真。獨開生面。補註一册。又僉平洋秘義。既因蔣所無而不肯筆者。盡筆之矣。已犯泄漏之戒。豈堪因玉尺之稍貶。而不爲造化少留有餘未盡於後來乎。因志其大略。仍錄辨文各篇。以成完書。且不失作者初心焉。

地理辨正補義凡例

一是書、必全列蔣氏傳注、以其字字最關經義、非全錄則經義不明也、

一蔣注之後、補入解義、本非另生枝節、要皆經義所本有、而蔣氏未書者、特書之耳、

一蔣注明白指示之處、毋庸贅語、或即其心胸所欲吐而申言之。間亦不必。

一蔣氏於人地二卦、極意判別、玆於子癸午丁節、翻出四十八局、大書暢言、本於天玉外傳、東西二卦雖宛結、其家有姻親、如能寀地挽奇緣、相逢富貴、全等意也。惟多覆吉仙墳宅。靜悟經注。識意可也。

一是函講義、與第二函大有牴牾處、一水一山、自是兩路、不相妨也、

辛丁祕義

一發明大卦陰陽交媾。下卦起星之秘。未免大洩。識者秘之。

跋、

潤輝西江下士也。挾地學游京師廿年矣。自慚淤材。日進王公大人門下。竊幸與聞山陵事。但求盡之心。未嘗一日稍懈耳。平素得交天下名師。不下百人。與共切磨。稔其造詣。升堂者、不乏其人。而入室者、乃竟寥寥焉。憶已未歲。

奉

飭命篆理江寧末職。獲讀

寅伯一句尹老師四秘全書。第一函談形徹髓。第二函說理入微。第三函氣分陰陽。第四函數宗河洛。因傳柬通謁。盡舉生平仰高鑽、堅之義。問難竟日。承蒙一一披示。既退。乃爽然知道學之有真也。傾心執弟子禮。講受彌月矣。嘉慶甲子春。老師自退隱之笥山石室。貽書云。四秘氣函刻已告竣。遠隔六載。撰君學力。其大成乎。愚讀嘗汗流。因念近年奔走王事。奉差往甘省。又

辛[illegible]甫識

委督河工。不敢乞一日逸豫。致使秘傳。學業。荒疎殊甚。覺此心怦怦然。動見獵之喜焉。伸紙吮毫。敬書短扎。於鐫篇末。使名列大剞。有厚幸焉。且以志授受之由云。

門生、熊潤輝謹跋。

記跋

二胣兄有言曰、河圖洛書之數。先天後天之理。無青囊之法。則不能取之以行。補義一書。青囊之法。纖悉畢備。特散見篇章。似積得許多散錢。缺少這條索子。不能一線貫串耳。讀之者、莫尋端倪。覩浩渺之無涯。每致嘆此道之精深。其實頭緒繁多。條理綜密。一以貫之。口傳只在此子。正言說破。

雖愚夫稚子。可以了了。況於讀破萬卷者乎。愚敬謹受教。得受指破。退而重讀補義書。始得句句貫串。字字飛舞。然後知千師易得。一訣難求。獨恨二兒以博覽綜核之才。於經書子史。一覽成誦。乃不於舉業發其光。而於此道暗其名。蓋有所以然也。雖然。科名無過一時之榮。此書貫今和古。之席。以彼易此。孰得孰失。必有能辨之者。

五胞弟世稱一石子謹跋

地理辨正補義卷之一

雲間蔣平階補傳　會稽姜垚辨正

豫章尹一勺子補義

青囊經

原本作黃石公授赤松子述義

上卷

經曰天尊地卑陽奇陰耦一六共宗二七同道三八為朋四九作友五十同途闔闢

奇偶。五兆生成流行終始。八體宏布。子母分施。天地定位。山澤通氣。雷風相薄。水火不相射。中五立極。臨制四方。背一面九。三七居旁。二八四六。縱橫紀綱。陽以相陰。陰以含陽。陽生於陰。柔生於剛。陰德宏濟。陽德順昌。是故陽本陰。陰育陽。天依形。地附氣。此之謂化始。

蔣氏傳曰、此篇以無形之氣為天地之

始而推原道之所從生也。夫陽氣屬天太所寓、兆於地之中、聖人作易、以明天地之道、皆言陰陽之互為其根者而已、天高而尊、地下而卑、然尊者有下濟之德、卑者有上行之義、一陰一陽、一奇一偶、其數參伍、所以齊一。其形對待、所以往來。天地之匡郭、由此而成、四時之代謝、由此而運、萬物之化育、由此而胚。夫此陰陽奇耦之道，隨舉一物，無不有之。天地無心、聖人無意，自然流露而顯其象於河圖，遂有一六共宗、二七同道、三八為朋、四九為友、五十同途之象。聖人因其象而求其義，以奇者屬陽，而有天一天三天五天七天九之名；以耦者屬陰，而有地二地四地六地八地十之名。而有一必有二、有三必有四、有五必有六、有七必有八、有九必有十、所謂參伍之數也。此一彼二、此三彼四、此五彼六、此七彼八、此九彼十、所謂對待之形也。天數與地數、各得其五、此謂一成之數。而百千萬億無窮之數、由此推之。天數地數、各得其五、合二五而成十。蓋有五即有十、猶有一即有二、陰陽自然之道也。故有天之三、即有地之八。有地之四、即有天之九。有天之五、即有地之十。此陰陽之數。以參伍而齊一者也。易曰、五位相得。蓋謂此也。而一六在下、則二七必在上。三八在左、則四九必在右。五居中、則十亦居中。此陰陽之數。對待而往來者也。易曰、五位相得而各有合。蓋謂此也。以其參伍而齊一。故一奇一耦、燦然不紊。以其對待而往來、故奇耦之間。一闔一闢。潛然而自應。此生成之所從出也。天一生水、而地六成之。地二生火、而天七成之。天三生木、而地八成之。地四生金、而天九成之。天五生土、而地十成之。一生一成。皆陰陽交媾之妙。二氣相交。而五行兆焉。降於九天之上、升於九地之下、周流六虛。無有休息。始而終。終而復始。無一息不流行。則無一息不交。

幬。當其無而其體渾然已成。當其有、而其體。秩然。有象。聖人因河圖之象數。而卦體立焉。夫河圖止有四象。而卦成八體者、何也。蓋一畫成爻。爻者交也。太始之氣、止有一陽。○是名太陽。太陽一交而成太陰。是曰兩儀。太陰太陽再交而成少陰。少陽。幷太陰。太陽。是曰四象。此河圖之顯象也。四象三爻而成八卦。☰曰乾。☱曰兌。☲曰離。☳曰震。☴曰巽。☵曰坎。☶曰艮。☷曰坤。蓋即河圖每方二數。析之而有八。此河圖之象。隱而顯者也。故卦之八由於四象。爻之三由於三爻。乾坤二卦為母。六卦為子。此八卦之子母也。諸卦自為母。三爻為子。此一卦之子母也。以此分施造化。布滿宇宙之間。於是舉陽之乾為天。

對以陰之坤為地。謂之天地定位。天覆於上。則地載於下也。此陰陽之一交而成天地者也。舉陽之艮為山。對以陰之兌為澤。謂之山澤通氣。山載於下。則澤受於上也。舉陽之震為雷。對以陰之巽為風。謂之雷風相薄。雷發於下。則風動於上也。舉陽之坎為水。對以陰之離為火。謂之水火不相射。水火平衡。形常相陽。而情常相親也。此三陰。三陽。之名。象。為交。而生萬物者。也。先賢以此為先天之卦。伏羲所定。本於龍馬負圖而作。實則混。沌。初。分。天地開。闢。之象。也。四象虛中。而成五位。此中五者。即四象之交氣。乾之真。陽。坤之真。陰。皆無。形。惟土有。形。此土之下為黃泉。皆坤地。積陰。之氣。此土之上為。清。虛。皆乾天積。陽。之。氣。而土膚之際。平鋪。如掌。乃至陰。至陽。乾坤。交媾。之。處。水火風雷山澤。諸凡天地之化機。皆露於此。故中五者。八卦託體。儲精成形。顯用之所。也。故河圖雒書。同此中。五。以立。極。也。河圖雖有四象。而先天陽升陰降。上下初分。未可謂之四方。自有中五立極。而後四極劃然。各正其方矣。有四方之正位。而四維介於其間。於是八方立焉統中五皇極而為九分而布之一起正北二居西南三居正東四居東南五復居中六居西北七居正西八居東北九居正南謂之九疇此雖出於洛書而寔與河圖之數符合天地之理自然發見無不同也布其位曰戴九履一左三右七二四為肩六八為足其八方之數均齊適符八方之位聖人即八

卦以隷之。而次其序曰、坎一坤二。震三巽四。中五乾六。兌七艮八離九。此則四正四隅、維。不易之定位也。數雖起一而用實首震。蓋成位之後。少陽用事。先天主天而後天主。巳。元子繼體。代父爲政也。易曰、帝出乎震。齊乎巽、相見乎離。致役乎坤。說言乎兌。戰乎乾。勞乎坎。成言乎艮。一二三四五六七八九者。古今之禪代推移周而復始者也。震巽離坤兌乾坎艮者。日月之出沒。四時之氣機。運行遷謝。循環無端者也。先賢以此為後天之卦。昔者大禹治水。神龜出雒。文王因之作後天之卦。豈伏羲畫卦之時。未有洛書。而大禹演疇之時。未有後天卦位耶。竊以為圖書必出於一時。而先天後天卦位。麻寔數一日。伏羲但有卦爻。而文王始繫之辭耳。河圖洛書。非有二數。先天後天。非有二義也。特先天之卦。以陰陽之對待者言。有彼此而無方隅。後天之卦。以陰陽之流行者言。則有方隅。矣。至其作卦之旨。要在於陰陽之互根。則一也。夫陽之道。貴陽賤陰。則陽當為主。而陰當為輔。而此云陽以相陰者。何也。蓋陽之妙。不在於陽。而在於陰。陰中之。陽乃真陽也。故陰為之感。而陽來應之。似乎陰反為君。而陽反為相。此經言神明之旨也。然陽之所以來應乎陰者。以陰中本自有之。以類相從。故來應耳。豈非陰含陽乎。陰含陽則能生陽矣。一切發生之氣。皆陽司之。則皆陰出之。都也。剛柔即陰陽。陰陽以氣言。剛柔以質言。易曰。乾剛坤柔。又曰。剛柔相摩。八卦相盪。八卦之中。皆有陰陽。則皆有剛柔。若以陽為剛。以陰為柔。則宜剛生於柔矣。而乃云柔生於剛者。何也。無形之氣陽剛而陰柔。有形之氣。陰剛而陽柔。於有形之剛質。又生無形之柔氣。氣積生氣氣還生質。故曰柔生於剛也。凡其所以能為相助。能為包含。生生不息如是者。則以陰之與陽。蓋自有其德也。惟陰之德能宏大夫陽以濟陽之施故陽之德能親順夫陰以昌陰之化此陰陽之妙以氣相感見於河圖洛書先後天之卦象若如是由是則可以知天地之道也天地之道陽常本於陰而陰常能育陽故天非廓然空虛者爲天也其氣常依於有形而無時不下濟地非塊然不動者爲地也其形常附於有氣而無時不

上升然則天之氣常在地中而地之氣皆天之氣陰陽雖曰二氣止一氣耳所以生天生地者此氣所以生萬物者此氣故曰化始也

一句子曰青囊秘妙無過看雌雄之一法此篇是直指看雌雄之法蔣氏曰獨此一法不肯筆之於書先賢口口相傳間世一出今觀青囊上卷一篇則見其

句句有一雌雄者在也。及讀蔣氏補傳。又處處有一雌雄者在也。乃知秘訣不出文字外。讀古人書。當細心思索。不為古人所瞞。以自得於語言氣味之表。可耳。經曰、天尊地卑。尊者雄。卑者雌。一天一地。兩大雌雄也。曰、陽奇陰耦。奇者雄。偶者雌。一陰一陽。兩大雌雄也。一六共宗。二七同道。三八為朋。四九為友。五十

同途。一三五七九雄也。二四六八十雌
也。是河洛之大雌大雄也。闔闢奇偶。五
兆生成。蓋闔戶坤。闢戶乾。天一生。地六
成。因有闔闢。自有五兆。因有奇耦。自有
生成。流行終始。八體宏布。子母分施。乃
天地之運行。八卦之功用。祖宗父母。兄
弟子息。戚隣怨仇。一家十四。一家十個。
是地下之大雌大雄也。曰天地定位。山

澤通氣。雷風相薄。水火不相射。一對一待。是八卦之。大雌。大雄。也曰、中五立極。臨制四方。背一面九。三七居旁。二八四六。縱横紀綱。一參二伍。是十數之。大雌大。雄也。曰、陽以相陰。陰以含陽。言天主施。地主受。地無吉凶。以天之施為吉凶。然天施之吉凶。天亦不能自主。實因地受之吉凶。以為吉凶。此句以下。是示人知天知地。下手取。用之大。雌雄也。曰、陽生於陰。言雄自雌生。九天之氣。出自重淵之下。柔生於剛。言雌自雄生。重陰之氣。降於九天之上。陰德宏濟。言雌得雄而後有。宏濟之力。陽德順昌。言雄會雌而後成。順昌之。功。陰本陽。雄之氣。本乎雌。陽育陰。雌之氣。育於陽。天依形。言雄依。雌。形以血。也。地附氣。言雌附。雄。氣以行此之謂化。始。言天之始所以為天。地之始所以為地。今之始所以為人。物之始所以為物。無一非此。一雌。一雄。相摩。相盪。以豪豪化化焉。

又曰、楊曾看雌雄看得透。所以用雌雄用得真。今人要用雌雄用得真。還須要看雌雄看得透。其看之之法。黃石公。赤松子、巳大書特書矣。蔣中陽子、又從而婉轉咏嘆之。今此直將雌雄逐箇指出。是所謂我代中陽行普度。一言萬古鑿鴻濛。神呵鬼責甘心受。造福生民在掌中。云。

中卷

經曰、天有五星。地有五行。天分星宿。地列山川。氣行於地。形麗於天。因形察氣。以立人紀。紫微天樞。太乙之御。君臨四正。南面而浴天市。春宮少微。西掖大微。南垣旁照四極。四七為经。五德為緯。運幹坤輿。垂光乾紀。七政樞機。流通終始。地德上載。天光下臨。陰用陽朝。陽用陰應。陰陽相見。福祿永貞。陰陽相乘。禍咎踵門。天之所臨。地之所盛。形止氣藏。萬物化生。氣感而應。鬼福及人。是故天有象。地有形。上下相須而成一体。此之謂化機。

蔣氏傳曰此篇以有形之氣為天地之機而指示氣之所從受也上文既明河圖洛書先天後天八卦之理聖人作易之旨盡於此天地陰陽之道亦盡於此然聖人不自作易其四象八卦皆仰法於天故此篇專指天象以為言夫易之八卦取象於地之五行而地有五行實因天有五曜五曜凝精於上而五行流

氣於下。天之星宿。五曜之分光列象者也。地之山川。五行之結撰成形者也。故山川兆列。宿而常具其列宿之形。觀其形之所呈。即以知其氣之所禀。天有是形。御是氣。物化自然。初末及乎人事。而聖人仰觀俯察。人紀從此立焉。木為歲星。其方為東。其令為春。其德為仁。火為熒惑。其方為南。其令為夏。其德為禮。土為鎮星。其方為中央。其令為季夏。其德為信。金為太白。其方為西。其令為秋。其德為義。水為辰星。其方為朔。其令為冬。其德為智。洪範九疇。所謂敬用五事。嚮用五福。五紀、八政、皇建、庶徵。皆自此出。故聖人御世。宰物。一天地之道也。備言天星。則有七政以司元化。日月五星是也。有四垣以鎮四方。紫微、天市、太微、少微是也。有二十八宿以分布周天。蒼龍七宿。角亢氐房心尾箕。朱鳥七宿。井鬼柳星張翼軫。白虎七宿。奎婁胃昴畢觜參。元武七宿。斗牛女虛危室壁。是也。四垣即四象。七政即陰陽五行之根本。其樞在北斗。而分之四方。為二十八宿。故房虛昴星應日。心危畢張應月。角斗奎井應歲星。尾室觜翼應熒惑。亢牛婁鬼應

當是絡

新□神書

太白。箕壁參軫應辰星。氐女胃柳應鎮星。臨制四方。各一七政也。渾天周匝。雖云四方。而包備八卦廿四爻之象。非經無以立極。非緯無以嬗化。真陰真陽之交道也。交道維絡而後。天之體環周而固於外。地之體結束而安於中。此元氣之流行。自然而成器者也。其始無始。其終無終。包羅六合。入於無間。雖名陰陽

一氣而已人能得此一氣則生者可以
為其生而死者可以善其死地理之道
蓋人紀之一端此端既立則諸餘以次
應之故聖人重其事其用在地而必求
端於天本其氣之所自來也然氣不可
見由形而見不可見之氣即寓於有可
見之形形者氣之所成而即以載氣氣
發於天而載之者地地氣本屬陽而載之

者。陰。故有陰。即有陽。地得其所。則天氣。歸。之。天地無。時。不。交。會。陰陽無。時。不。相。見。相見而得其沖。和。之。正則為福。德。之。門。相見而不得其。和。沖。之。正。即為相。乘。而名禍咎。之。根。禍福殊。塗。所爭。一。間。良足。畏。也。且亦知星宿之所以麗於天。山川之所以列於地者乎。天之氣。無往不。在。而日得天之陽精而恒為日。月得天之陰精而恒為月。五曜得天氣五行精而恒為緯。至於四垣二十八宿。衆星環列。又得日月五星之精而恒為經。此則在天之有形者有以載天之氣也。地之氣無往不在。而山得日月五星之氣而恒為山。川得日月五星之氣而恒為川。此則在地之有形者有以載地之氣也。列宿得天之氣而生於天。列宿與天為一。體也。山川得地之氣而生於地。山川與地。為一。體也。萬物之生於天地。何獨不然。夫萬物。非能。自生。借天地之氣。以生。然天地非有意。於生。萬物。萬物自有。地。焉。適與天地。之氣。相遇於。冥冥。惚惚。之。中。夫有所沾濡。焉。夫有所絪縕。焉。夫有所。苞孕。焉。遂使天。地之。氣。止而不。去。積之。累之。與物。為。一。乃勃然。以生。耳。地地理用法。明白指出。宜細心參會。

理之道。必使我所取之形。足以納氣。而氣。不我。拒。則形與氣交。而為一。必使我所據之地。足以承天。而天。不我。隔。則地與天交。而為一。夫天地形氣。既合而為一。則所鍾之骨。亦與天地之氣。為一。而死。魄。生。人。氣。脉。灌輸。亦無不一。福應之。來。若機。張。當。括。所謂化機也。不然。譬之無門止之無術。雖周天列宿。炳燿中天。

而我不蒙其照。雖大地陽秘。滂流八表。而我不沾其澤。天為匡廓。地為橋壤。骨為速朽。子孫為窮告。我未見其獲福也。可不慎哉。可不慎哉。

一句予曰、青囊上乘無過上應天星之一法。篇中是指示天星用處。其大訣失傳已久。獨董德彰賴大素得其秘。蔣氏曰、篇中是指示天星。為言是也。其大意總謂上天有五星之氣地下即有五行之象明乎地下之五行在何宮何位即知上天之五星應何事何人也天分星宿各經其野地列山川各峙其方明乎地列之山川居何郡何州即知天分之星宿應何野而分矣五星列宿之氣下行於地即山川五行之精上麗於天者也蓋天地一貫上下一氣毫無間隔楊

曾廖賴諸仙師。豈有他謬巧哉。無過因地下之形。以察上天之氣。遂能立人道之紀云。在天之四垣。北有紫微。南有太微。東有天市。西有少微。在地則四垣已無定所。太極亦無定位。必我所取之垣。知在何垣之內。我所受之氣。知是何垣之氣。即以所取之垣爲君。以臨四方。以照四極。然後以四七廿八宿爲經。以五德木火土金水爲緯運幹坤輿控制山川也垂光乾紀打通造化也夫此四垣之運幹即此五德四七之垂光而五德四七之垂光即屬七政日月木火土金水之樞機其流其通無終無始隨斗柄所指爲推遷我所下之卦即天上斗杓之所指我所用之星即天上五德七政之樞機此卦此星合天地之機而善也

細會

[illegible]
則日月五星順軌而為福此卦此星合
天地之機而惡也則日月五星逆伏而
為災地有是德以上載乎天則天有是
光以下臨乎地或吉或凶如影隨形不
爽毛髮其法盡在識天地之大雌雄陰
用陽朝是陽交於陰陽用陰應是陰交
於陽夫此一陰一陽相見而得其乾紀
運幹之正則為福為禍而永貞相見而

得其乾紀運幹之零則爲禍爲咎而鍾門且天之所臨天原無福祿以地之所盛爲福祿地之所盛地原無禍咎以天之所臨爲禍咎究之天地俱無福無祿無禍無咎也惟視我所下之卦所用之是爲福祿爲禍咎也我所下之卦天臨之地盛之則形止氣蓄萬物化生矣若地之所盛天之所臨形散氣去則萬物

為鬼矣。感應之速。蔭人之德。如身對明鏡。神照止水。天有是象。即地有是形。人得天氣地形。而禍機福機出焉。天地人相需而成一體。此之謂大化之機。

下卷

經曰。無極而太極也。理寓於氣。氣圍於形。日月星宿。剛氣上騰。山川草木。柔氣下凝。資陽以昌。用陰以成。陽德有象。陰德有位

外氣行形，內氣止生，乘風則散，界水則止，是地學大關鍵

地有四勢，氣從八方。外氣行形，內氣止生。乘風則散，界水則止。是故順五兆，用八卦，排六甲，布八門，推五運，定六氣，明地德，立人道，因變化，原終始，此之謂化成。

蔣氏傳曰：此篇申言形氣雖殊，而其理則一，示人以因形求氣為地理入用之準繩也。易曰：易有太極，是生兩儀，太極者，所謂象帝之先，先天地生，能生天地

萬物之祖根也本無有物無象無數無方隅無往不在言太極則無極可知後賢立說慮學者以太極為有物故申言以明之曰無極而太極也大而天地細而萬物莫不各有太極物物一太極一物全具一太極人知太極物物皆具則地理之道思過半矣理寓於氣氣一太極也氣囿於形形一太極也以至日月

星辰之剛氣上騰以剛中有太極故能上騰山川艸木之柔氣下凝以柔中有太極故能下凝賁陽以昌賁之以太極也用陰以成用之以太極也太極之所顯露者謂之象而所宣布者謂之位地無四勢以太極秉之而命之為四勢氣無八方以太極御之而命之為八方勢與方者其象其氣而命之為勢為方者

形止之氣蓄
是真用法

其極。極豈有定耶。則勢與方。亦豈有定耶。四勢之中各有象。則八方之中亦各有氣。然此諸方之氣。皆流行之氣。因方成形。只謂之外氣。苟任其流行而無止蓄。則從八方而來者。還從八方而去。千山萬水。僅供耳目之翫。如傳舍。如過客。總不足以濬發靈機。滋芽元化。必有爲之內。內氣者。焉所謂內氣。非內所自有。即

細思記之

外來流行之氣於此乎止有此一止則八方之行形者皆相攝翕聚乎此是一止而無所不止於此而言太極乃為真太極矣無所不止則陽無不資陰無不用而生生不息之道在其中矣太極生兩儀兩儀生四象四象生八卦萬事萬物皆胚胎乎此前備所謂形止氣蓄萬物化生蓋謂此也然但言止而不申明

所以止之義恐世之審氣者泥然無所
措手故舉氣之最大而流行無間者曰
風曰水夫風有氣而無形稟乎陽者也
水有形而無有氣稟乎陰者也然風稟
乎陽而陽中有陰焉水稟乎陰而陰中
有陽焉二者皆行氣之物氣之陽者從
風而行氣之陰者從水而行而行陽氣
者反能散陽以陽中有陰也行陰氣者

反能止陽以陰中有陽也大塊之間何處無風何處無水風原不能散氣所以噓之使散者病在乎乘水原不能止氣所以吸之使止者妙在乎界苟能明乎乘與界之爲義審氣以定太極之法槩可知矣上文反覆推詳皆泛言形氣之理至是乃實指理之用於是總括其全焉順五兆以五星之正變審象也用八

卦以八方之衰旺審位也排六甲以六甲之紀年審運也布八門以八風之開合審氣也地理之矩矱盡於此矣推五運以五紀之盈虛審歲也定六氣以六氣之代謝審令也謹歲時以扶地理之蘊奧盡於此矣如是則太極不失其正而地德可明然聖人之明地德也非徒邀福而已蓋地之五行得其順則人之

生也。五德備其全。而五常若其性。聖賢豪傑。接踵而出。而禮樂刑政無不就理。豈非人道自此立乎。然此亦陰陽變化自然之妙。雖有智者。不能以私意妄作。夫亦深知其所以然。因之而已。夫天地

葬親。乃慎終之事。而子孫之世澤皆出其中。則人道之所以終。即為人道之所以始。則斯道也者。聖賢開物成務。無有

大於此者也謂之化成宜哉
一勺子曰青囊妙用無過定太極之一法此章是指示太極之所在也太極是活潑潑地無定在而有一定不移之所在有定所而又有出神入化無定之所也先賢云太極本無極無極而太極也其取太極之法以理定之理寓於氣即以氣定之氣囿於形亦以形定之一寓

一圈之間見得此活潑潑之太極形形不能載氣非氣不能寓理其理其形其氣以太極形性兩命之為理命之為氣命之為形其初未嘗太極之先先以理察之以氣詳之以形守之而太極於是無遁所矣日月星宿剛氣上騰以照曜太極者也山川草木柔氣下凝以環拱太極者也太極負陽以昌用天之道也

太極用陰以成因地之利也天之德有其象日月星辰風雲雷雨是也地之德有其位子午卯酉乾坤艮巽是也太極之德載四勢太極之氣從八方氣有內外其外氣所以行太極之形如子照午乾為備之類其內氣所以止太極之生如午照子巽為成之類乘風則散如坎得離風則坎之氣散坎得乾風則坎之

乘風則散是此地于八卦中內外交媾之妙用皆失也界水則止是此地于八卦中內外交媾之妙用能得也

氣愈散雖處一白之元而一白之太極不可用也即當三七之數而一白之太極尤不可用也何也一白之太極乘風也散也界水則止如坎界離水則坎氣止坎界乾水則坎氣愈止在一白之元而一白之太極固止有可取也即當三七之運而一白之太極亦止亦可取也何也一白之太極界水也止也太極既

此是太極之有定由是形索以五星之正變氣祭以八卦之生旺運佈以六甲之紀年位定以八風之來去歲排以五運之盈虛令審以六氣之乘除地德隨明而聖賢哲士接踵而生人道立而天下治此青囊定太極之妙用要不過因圖書之變化原天地之始終以化成天下焉

一卷終

附天元全義說

一句子曰天地一氣而已輕清上浮而為日月星辰風雷雲雨重濁下凝而為山川土石湖海江河天氣無時不下交也地氣無時不上騰也故飛潛動植一皆稟乎是氣而為之而人於其間得之則富貴福壽而生不得則貧賤禍夭而死大而為聖為賢為仙為佛小而為飛

為走為虮為氣與非是氣也山河大地在在皆有陰宅陽宅收之則亨而通捨之則否而塞此管郭楊曾授受心法也舉河圖洛書是先天後天曰太陰陽曰大交媾曰下卦貞曰起星的曰先天河圖為體曰後天洛書為用其發明闡晰具見青囊諸書而於天元義蘊尚隱而未發非秘此道實重此道而并重其脈示

之人也。非遇非人，固宜三緘其口。一逢知己，何妨盡傾其囊與。夫天元者，用先天之理。河圖之數爲體。用後天之方。洛書之法爲用。上元則自坤母長女。以順至中女少女。主內主氣由乾父長男以順至中男少男。主外主水。下元則由少男中男。以逆數長男老父。主內主氣由少女中女。以逆數長女老母。主外主水。

或自父母而及長少。或由少中以至父母。有循環之妙蘊。有始終之微權。有順逆之主宰。如上元、一白司令。一、河圖天數也。布於洛書坎位。蓋後天坎即先天坤。後天坎令。實先天坤氣。亦黃鍾為始之遺。對以先天之乾。非老父治外。老母治內。以開天闢地與。二黑司令。二、河圖地數。布於洛書坤位。後天坤方。即先天

巽位。後天坤令。實先巽氣。對以先天震
水。非長女主內。長男主外。出震齊巽。以
經理宇宙平。三碧司令。三河圖天數。布
於洛書左隅。後天震方。即先天離位。後
天震令。即先天離氣。對以先天坎水。非
中女在內。中男在外。日經月緯。以風化
天下平。四綠司令。四河圖地數。布於洛
書肩位。後天之巽。即先天之兌。後天巽

令。實先天兌氣。對以先天艮水。非必女中闈。以少男外理。山峙川流。以主治斯世乎。五黃在中。寄居坤土。分司於乾巽兩頭。而六白則開造數之始也。其陰極陽生之時。抑順極逆起之漸乎。自一至四。天秩天序。其理順。婦主內而夫治外。其道陰。由六至九。自少及老。其理逆。男主氣而女主水。其道陽。是故六白司令。先天艮也。對以巽水。先天兌也。為山澤通氣。七赤司令。先天坎也。對以震水。先天離也。為水火不相射。八白當令。先天震也。對以坤水。先天巽也。為雷風相薄。九紫司令。先天乾也。對以坎水。先天坤也。為天地定位。乾坤縱而六子横。一順一逆。一內一外。顛之倒之。終而復始。旋轉無窮。此下卦起星。認陰陽。識交媾以收。

第二十六訣

一元之真氣先賢所謂宇宙有大關會氣運為主者此也

附元空大陰陽大交媾說

一勺子曰天地兩大雌雄也山水亦兩大雌雄也交媾者中五之際隆然者凸陷然者凹此子靈光媾合天氣能承能止有來有受一噓一吸不脫不離也然天有氣而無形地有形而無氣必要相地之陰質以凝合天之陽氣而後真陰真陽聚精會神凝結於其中而不散也

但思大輿浩茫。何處不可乘天。何處獨能承天。此其一山一水。一賓一主。是地下降神生甫之區。又自有地。下之始合。而後能。有上。清之。氣能。止能。蓄與大輿茫茫。逈不相同也。此其理最微。此其義最精。古書充棟。半屬偽造。獨此些子。不敢筆之於書。今既一言指破。復就河圖洛書。明示其機。使慧業人。當下領取耳。

河圖天一地二天三地四天五地六天七地八天九地十洛書戴九履一左三右七二四為肩六八為足五為中央陽數奇陰數耦此河洛之陰陽也河圖之數主順主正洛書之數主逆主變此河洛之一體一用也先天八卦天地定位山澤通氣雷風相薄水火不相射故知乾兌出自老陽坤艮成於老陰震離本

乎少陰。坎巽化自少陽。後天八卦。長子用事。長女代母。故易曰、帝出乎震。齊乎巽。相見乎離。致役乎坤。説言乎兌。戰乎乾。勞乎坎。成言乎艮。此先天之所以為體。後天之所以為用也。能分兩片陰陽取。指天地為兩片者。其義甚顯。指老陰老陽為一片。少陰少陽為一片者。其理最微。且先天之坤艮老陰也。即洛書之六共宗。而一往一來。兩體合成一體。何以言之。蓋坤之上陰爻來艮。則艮變為坤矣。移艮之上陽爻往坤。則坤變為艮矣。先天老陽乾兌也。即洛書之四九共處。而一往一來。兩體合一。移乾之上爻入兌。則兌變為乾。移兌之上爻入乾。則乾變為兌矣。先天之震離。少陰也。即洛書之三八。為朋。而一消一長。兩卦合一。消震卦之上陰爻入離。則化離為震矣。消離卦之上陽爻入震。則化震為離矣。先天之巽坎、少陽也。即洛書之二七為友。而一進一退。兩卦合成一卦者。進巽卦上一爻入坎。則坎變巽矣。退坎卦上一爻入巽。則巽變成坎矣。此老陰之所以配老陽。而不與少陰少陽相配。少陽之所以配少陰。而不與老陰老陽相

外交反此句宜細參之

偶也蓋上元一坎當令先天之坤也而一與六偶斷必得乾方之水中元四綠當令先天之兌也而四與九交斷必得午方之水下元七赤當令先天之坎也而二與七交斷必得坤方之水此三元九宮一山一水以成內交而外交反此可類推焉青囊序云楊公養老看雌雄此雌雄也放之則弥六合矣

地理辨正補義卷之二

杜陵蔣大鴻平階補註

豫章尹一勺有本補義

青囊序

曾求己公安著

楊公養老看雌雄天下諸書對不同

蔣云雌雄者陰陽之別名乃不云陰陽而云雌雄者言陰陽則陰自為陰陽自

為陽疑乎對待之物。互顯其情者也。故
舊言陰陽者。必言雌。雄。觀雌則不必更
觀其雄。而知必有雄。以應之。觀雄則不
必更觀其雌。而知必有雌。以配之。天地
兩大雌雄也。山川雌雄中之顯象者也。
地有至陰之氣。以招攝天之陽精。天之
陽氣。日下交乎地。而無形可見。止見其
草木百穀。春榮秋落。蛟龍虫豸。升騰蟄

截而已。故聖人制婚姻。男先乎女。亦以陰之所在。陽必求之。山河大地。其可見之。形。皆陰也。實有不可見之陽。以應之所謂雌雄也。故地理家、不曰地脈。而曰**龍**神。言變化無常。不可以跡求者也。青**囊**經所謂陽以求陰。陰以含陽者。此雌雄也。所謂陽本。陰。陰育陽者。此雌雄也。所謂陰用。陽。朝。陽用。陰應者。此雌雄也。

所謂資陽以昌。用陰以成者。此雌雄也。楊公得青囊之秘。洞徹陰陽之理。晚年其術益精。以此濟世。即以此養生。然其秘密。惟有看雌雄之一法耳。此外更無他法。夫地理之書。汗牛充棟。獨此一法不肯筆之於書。先賢口口相傳。間世一出。蓋自管郭以來。古今知者。不能幾人。既非聰明知巧可能推測。又豈闊覽博物所得與聞。會者一言立曉。不知者累牘難明。若欲向書卷中求之。更河漢矣。故曰、天下諸書對不同也。曾公安親授楊公之秘。故其所言深切著明如此。彼公安者、豈欺我哉。

一句子曰、雌之所在。雄必應之。知雌之所在。則更不必求雄。此老子知雄守雌之義也。地理。之道。以雌。為主。故曰、雌雄。

而不曰雄雌對不同者夫不同之中固有大相同者存焉萬化之本於一原也大相同之中實有大不同者分為一本之散為萬殊也同中有異異中有同廣而言之有氣同而器不同者有水同而虛不同者有山同而數不同者有去同而區不同者有來同而養不同者有地同而體不同者有人同而任不同者有

蓋同而使、不同者。有容同而用、不同者。有脉同而勢、不同者。隨所指點。總有一。不。同。着。在。隨所擬議。又總有一。大同着。在。

先看。金龍。動。不。動。次察血。脉。認。來。龍。揆云、此下、乃言着。雌雄。之。法。也。金龍着、氣之無形着也。龍本非金。而茲云金。龍。着。乃乾陽金氣之所生。故曰金龍。動則

着眼

陰陽靜則陰陰氣以動為生以靜為死生者可用死者不可用其動大者大用之其動小者小用之此以龍之形象言也形象既得斯可辨其方位矣血脈即金龍之血脈非龍而實龍之所自來所謂雌雄也觀血脈之所自來即知龍之所自來矣察者察其血脈之來自何方也知血脈之來自何方即可認龍之來

着眼

自何方矣此楊公看雌雄之秘訣而非世人倒杖安量之死格局也

一句子曰地理以雌為主宜乎以察血脉為先但血脉看金龍之血脉也金龍不動雖有血脉無所用之金龍既動血脉不真亦無所用惟金龍動而血脉又真一看一察是曾公示人下手捷徑

龍分兩片陰陽取水對三叉細認踪

細看

蔣云、兩片即雌雄。陰在此則陽必在彼。兩路相交也。三义即後城門界不合處。必有三义。細認蹤、即察血。脈。以認來。龍。也。知三义之在何方。則知來。龍之。屬。何。脈。矣。

一句子曰兩片是一天一地。三义是一陰。一。陽。交。界。處。其取兩片、認三义之法。則分先天坤艮老陰。乾兌老陽為一片。

是八卦中內交媾外交媾之妙義也以此取兩片陰陽之妙更有把柄

分先天震離少陰坎巽少陽為一片如先天乾陽之氣發於九天之上必得坤地積陰之氣應於九地之下既得坤地積陰之氣應而又得艮山兌澤之氣參贊之輔治之於是乾陽之氣止而與山澤鼓生機而不息矣先天離東日精之氣燿於震巳之中必得坎西月華之氣應於淨土之下既得坎西月華之氣應

而又得震雷與風之氣。以鼓盪之。以震動之。於是雌雄之氣。來而與風雷神變化。以無窮。矣。是所謂陰陽所也。倘遇斜入正。而正入斜。横入縱。而縱入横。不必着眼。

江南龍来江北。望江西。龍去望江東。

蔣云此所謂兩片也。金龍本在江南。而所望之氣脉。反在江北。金龍本在江西。

可知此節、是言水龍。其收、總在南方水一折。北方脈

而所望之氣脉。反在江東。蓋以有形之陰。質求無形之陽氣也。楊公看雌雄之法。皆從空處為真龍。故立其名曰大元空。雖云兩片。實一片也。

二句乎、曰玩四江字。是明明指出以水為龍。之法。龍來本在江南。而所望之氣脉。却在江北。如南方江水一折。則知北方龍脉一來。三折四折。則知龍脉三來

一來。蓋水之曲折。退龍也。然觀下節瀍澗二水交華嵩。即山龍存不外以水。退藏其。止蓄。之義。止所謂界水。則止也。

四來折愈多。而來愈厚。則氣愈大。力愈深矣。

是以聖人卜河洛瀍澗二水交華嵩相其陰陽觀流泉。卜世卜年宅鎬宮。

蔣云此即周公卜洛之事。以證地理之道惟在察血脈認來龍也。聖人作都。不言華嵩之脈絡。而言瀍澗之相交。則知所認之來龍認之以瀍澗也。又引劉公

劉遷豳之相陰陽觀流泉以合觀之見聖人作法千古一揆

一句子曰杖瀍澗二水看出華嵩脈絡此考字即城門訣也

晉世景純傳此術演經立義出元空朱雀發源生旺氣一一講說開愚蒙

將云推原元空大卦不始於楊公蓋郭景純先得青囊之秘演而立之直追周

公制作之精意者也。乃其義、不過欲朱雀發源。得生旺之氣耳。來源既得生旺。即是來龍生旺。而諸福坐致矣。來源若非生旺。則來龍亦非生旺。而禍不旋踵矣。景純當日以此開喻愚蒙。其如愚蒙之領會者少也。

一勺子曰、此生旺是元空。大卦之生旺。而非長生帝旺之說也。但元空正運之是從中五立極處。挨轉得山水之生旺。認清。

生。旺。山上有山。上之生。旺。水裡有水。裡之。生。旺。若山是生旺。水不是生旺。或水是生旺。山不是生旺。則謂之駁雜。禍福相半。其法將中。五。立。極。之處。挨轉得。山上。之。生。旺。又得水。上。之。生。旺。而后謂之。能。出。煞。謂之能。收。水。故元空大卦先要知生之所以為生。旺之所以為旺。蓋生是。生。龍。旺是。旺。龍。乃乾坤真。息。消。一遇

死然急宜避之
一生二管二生三三生萬物是元關山管
山分水管水此是陰陽不待言
蔣云、陰陽之妙用始於一有一爻即有
三爻有一卦即有三卦故曰、一生二、三
生三此乃天地之元關萬物生生之橐
籥也又恐人認山水為一而不知辨別
故言山之元關自管山水之元關自管

水不相混雜。蓋山有山之陰陽。而水有水之陰陽。不通乎此義。則世之言龍穴砂水者。真未夢見矣。

一勺子曰。一者。太極。二者。陰陽。三者。天地人也。有天有地有人。而萬物生焉。此其生生之妙。最元關。其中有陰交陽。而生者。矣。有陽媾陰。而生者。矣。山有山之陰陽以化生。而水非所論。山自管。山也。

看有運乘時二句知生旺真非四長生之說

水有水之陰陽以化生而山非所論水自管水也此是山水之大陰陽此是陰陽之大作用

識得陰陽元妙理知其衰旺生與死不問坐山與來水但逢死氣皆無取

蔣云此節暢言地理之要只在衰旺生死之辨也衰旺有運生死乘時陰陽元妙之理在乎知時而已坐山有坐山之

生旺來水有來水之生旺所謂山管山水管水也二者皆須趨生而避死從旺而去衰然欲識得此理非真知河洛之秘者不能豈俗師所傳龍上五行收山向上五行收水順逆長生之說所能按圖索驥者乎

一勺子曰元空妙義只在生旺衰死乎

四坐山取坐山之生旺來水取來水之

生旺。衰死之氣。來水要。放。出。坐山更要。
放。出。
先天羅經十二支。後天再用干與維。八干
四維輔、支位。子母公孫同此推。
蔣云羅經廿四路、已成之跡。人人所知。
何須特舉。此節非言羅經制造之法。蓋
將羅經直指雌。雄。交。媾。之元。關。以明衰。
旺。生死。之。作。用。兩。十二支、乃周天列宿之十二次舍。故曰先天。地道法天。雖有十二宮。而位止八卦。每卦三爻。則十二宮。不足以盡地之數。故十干取戊己歸中。以為皇極。而分八干為四正之輔佐。然猶未足卦爻之數。遂以四隅四卦。補成三八。於是卦為之、母。而二十四路為之子焉。卦為之公。而廿四路為之、孫焉。識得子母公孫。則雌雄之交媾在此。金龍之血脉在此。龍神之衰旺生死。亦盡乎此矣。

一勺子曰、一卦有一卦之子母。一卦有一卦之公孫。二十四路、總從我所下之卦。推起。消納從天卦。有父母之道。胎息從地卦。有父母之道。此父母二卦。顛倒輪之之法。故下文直接二十四山、分順逆云。

二十四山分順逆。共成四十有八局。五行

即在此中分祖宗卻從陰陽出陽從左邊團團轉陰從右路轉相通有人識得陰陽者何愁大地不相逢

蔣云、此一節、申言上文未盡之旨也子母公孫、如何取用蓋二十四山止應二十四局而一山之局又有順逆不同如有順子一局即有逆子一局一山兩用豈非四十八局乎此局、得何五行則龍

細會

神得何五行。五行不在此中分乎。然五行之根源祖宗。非取有形可見。有跡可尋。之二十四山分五行。乃從元。空。大。卦。雌雄。交。媾。之。真。陰。真。陽。分五。行。也。論至此。元空大卦之義。幾乎盡矣。而又恐人不知陰陽為何物。又重言以申明之。曰如陽從左邊團團。轉。陰必從右路轉相通。言有陰即有陽。有陽。即有陰。所謂陰。

陽交媾元空大卦之秘旨也言左右則上下四旁皆如是矣此即上文龍分兩片江南龍來江北望之意而反覆言之者也其奈世人止從形跡上着眼不能聆會元空大卦之妙故又發嘆曰有人識得此理者乃真陰陽真五行真血脉真龍神隨所指點皆天機之妙何愁大地不相逢乎若不識此理雖大地當前

目迷五色未有能得其真者也
一句子曰廿四山之順逆以時令為轉
移乾亥壬艮寅甲巽巳丙坤申庚十二
陽位也有時占陰則不號陽矣子癸丑
卯乙辰午丁未酉辛戌十二陰位也有
時占陽則屬陰矣有陽順陰逆為二十
四路之順局即有陰順陽逆為二十四
路之逆局五行即在此中分此中二字

認真翻值向者字

是指大卦言祖宗卻從陰陽出陰陽即大卦之陰陽言祖宗父母即從大卦陰陽出也陽從左邊團團轉陰從右路轉相通是順起之二十四局陰從左邊團團轉陽從右路轉相通是逆起之二十四局不言逆局者大卦起星以陽順陰逆為主也其用陰順陽逆之局是五行翻值向者止旺丁財古仙不重故也一

山兩用若星卦純全地力敦厚有人識得覓大地不難矣

陽山陽向水流陽執定此說甚荒唐陰山，陰向水流陰笑殺拘泥都一般若能勘破個中理妙用本來同一體陰陽相見兩為難一山一水何必言

蔣云、又言所謂識得陰陽者乃元空大卦真陰真陽而非世之所謂淨陰淨陽

也。若據淨陰淨陽之說。則陽山必須陽向。而水流陽。陰山必須陰向。而水流陰。時師拘拘於此。而不知其實無益也。真陰真陽。自有個中之妙。世人不得真傳。無從勘破耳。若有明師指點。一言之下。立時勘破。則知不但淨陰淨陽不可分。所謂真陰真陽。若雖有陰陽之名。而止一。物又何從分。既知陰陽為一物。則隨

是陰陽交媾理法細會自知

手拈來無非妙用山與水為一體陰與陽為一體二十四山卦氣相通者皆為一體矣夫淨陰淨陽者一山止論一山之陰陽一水止論一水之陰陽故拘執有形不能觸類旁通耳元空大卦一山不論一山之陰陽而論與此山相見之陰陽一水不論一水之陰陽而論與此水相見之陰陽所以為難知難能而入

於微妙之域。此豈淨陰淨陽之說。所可同年而語哉。

一句子曰。陽山陽向四句。破俗術之謬。個中理。即陰陽相見之妙用。一山一水。或陽與陰交。或陰與陽交。無出卦之處。無混雜之咎。山水之陰陽。即元空之陰陽。兩兩相見。山之陰陽相配。水之陰陽相配。而大地成矣。

二十四山雙七起必有時師知此義五行
分布二十四時師此訣何曾記
蔣云、此即二十四山分順逆之義而重
言以嘆美之雙七起者、一順一逆一山
兩用故曰雙七也五行分布者、二十四
山各自為五行不相假借也雖云如此
而其中實有奧義惟得祕訣者乃能通
之時師但從書卷中搜索必不得之數

着眼

也於此可見二十四山成格有定執指南者人人能言之而微妙之義不可測識矣

二句干曰雙飛起者一山雙用也陰即是陰陽即是陽為一起陽不是陽陰不是陰為一起一順一逆由乎為零為正其起星條倒見於與語卷首

山上龍神不下水水裡龍神不上山用此

收水與量山。百里江山一晌間。

蔣云、此即上文山。管山。水管水之。義而重言。以。歎。美。之。且又以世人之論龍神但以山之脉絡可尋者為龍神。即其所用水法。亦以山龍之法下求乎水。以資其用耳。不知山。與。水。乃各自。有。龍。神。也。特為指出。正告天下後世焉。山上龍神。以山。為。龍。者。也。專以山。之。陰。陽。五。行。推

着意體會

順逆生死而水非所論水裡龍神以水為龍者也專以水之陰陽五行推順逆生死而山非所論剛柔與質燥濕殊性分路揚鑣不相借也即有山龍而兼得水龍之氣者亦山自為山水自為水非可以山之陰陽五行混入乎水之陰陽五行也山則量山以辨山之純雜長短水則步水以辨水之純雜長短得此山

水分形之法百里江山一覽在目此青囊之秘訣亦青囊之捷訣也嗚呼此言自曾公安剖露以來於今幾何年矣而世無一人知者哀哉

一句子曰山上龍神是以山之行度曲折為龍者也山行則龍行山轉則龍轉一遇水交則龍止矣固不分平明暗淺深也水裡龍神以水之灣曲盤旋為龍

山龍之氣自高
而下見水則住
水龍之氣自底
而上見山則息
正是地脈真命
脈

者也水行則龍行水轉則龍轉一過山
起則龍止矣亦不辨平堆埠厚薄也是
故山龍之氣自高而下見水則住水龍
之氣自底而上見山則息不下水不上
山由於來氣不同止氣亦異所以山上
用法用以量山水上用法用以步水山
法水法分路楊鐐各致其用故青囊上
篇明雌雄交媾以水之法為多青囊中

嵩明地形。天星量山之訣。不必山水二訣。截然不同。此天玉奧語與玉尺催官。時相牴牾也。學者深造而得其極。允矣步武楊曾矣。

更有淨陰淨陽法。前後八尺不宜雜。斜正受來陰陽取。氣乘生旺。方無煞。來山起項要知蹤。三節四節不須拘。只要龍神得生旺。陰陽却與穴中殊。

細看

認真純乎龍運生旺之氣

蔣云此淨陰淨陽非陽龍向陽水流陽之淨陰淨陽也蓋龍脉只從一卦來則謂之淨若雜他卦即謂之不淨而辨淨與不淨尤在貼身一節或從前來或從後至須極清純不得混雜入尺言其最近也言此尤爲緊要所謂血脉也一節以後則少寬矣此節須純乎龍運生旺之氣若一雜他氣即是煞氣吉中有凶

起頂。出脉。結穴。在近身一二節。極為緊要。尤宜得龍體生旺之氣。

八尺為一節

第五行三

來山如此。來水亦然。須審其起頂。出脉。結穴。一二節之近。要得龍體生旺之氣。蓋龍隔上聚受氣。處傳能操禍福之柄。即或直來側受之穴。結穴之處。與來脉不同。而小不勝大。可無慮也。此以知山水二龍。皆以來脉求生旺。而尤重在到頭一節。學者不可不慎也。

一行子曰。前後八尺。是穴中之陰陽。斜

收得陽神定出
得陰煞淨之妙

正受來是頂脉之陰陽頂脉之陰陽不離他卦謂之淨穴中之陰陽應下何爻謂之殊謚三節四節龍神起頂包得生旺斜正受來承氣又得生旺則收得陽神定而煞出矣但穴中之陰陽三般卦內一卦三用該用那一卦方是真雌雄方成眞配偶故曰穴中殊也

天上星辰似織羅水交三爻要相遇水發

着眼

細看

城門須要會却如湖裡鴈交鵝

蔣云此以上天之經緯喻水法之交會也列宿分布周天而無乜歐以交錯其中則乾道不成而四時失紀矣幹水流行地中而無支流以界劃其際則地氣不收而立穴無據矣故二十四山之水其間必有交道相過然後血脈貫而金龍動大幹小枝兩水相會合成三叉而

出。兩謂城門是也。湖裡鴈交鵝。言一水從左來。一水從右去。兩水相遇。如鵝鴈之一往一来也。詳言水。龍審脈之法。而立。穴。之。妙。在其中。矣。

一句子曰鴈天上之禽。鵝地下之禽。鴈交鵝。是陽鳥之下交於陰鳥也。必鵝之體。能配夫鴈。而後鴈於是始交於鵝。若鵝非鴈侶。則亦鴈自鴈。鵝自鵝而已。一

交字是地存真訣

交字一如字極意形容必認得交處真
而藏蔽之情意始得三叉城門即在交
上見之

富貴貧賤在水神水是山家血脉精山靜
水動晝夜定水主財祿山人丁乾坤艮巽
號御階四大尊神在內排生剋須憑五行
布要識天機元妙處乾坤艮巽水流長吉
神先入家豪富

前云乾坤艮巽各有衰旺生死可概用須用五行辨其生尅生即生旺死即衰死生為吉神死為凶神要在元空大卦故云天機元妙處也

一句子曰生尅須憑五行布是山上制化大作用且山山有一四大尊神可排非僅乾坤艮巽內也故云天機元妙

驗一家舊日墳十墳埋下九墳貧惟有

讀

唐元宗、命一行禪師、作銅函經、以惑外國。實為後世偽書之作俑也。

一墳能發福。去水來山盡合情。

一句子曰、多臨古跡。考其應驗。是堪輿得力之秘。去水來山。件件合情。是一墳發福之秘。

宗廟本是陰陽元。得四失六難為全。三才六建雖為妙。得三失五盡為偏。蓋因一行擾外國。遂把五行顛倒編。以訛傳訛竟不明。所以禍福為胡亂。

蔣云、此節旁引世俗五行之謬、以見地理之道。惟有元。空。大。卦。看。雌。雄。之法。所以尊師傳。繼僞學也。蓋唐以後。諸家五行、雜亂而出。以僞傳僞。流毒萬世。曾公宗、所以辨之深切也歟。

一勺子曰、堪輿家言。一詑於儒士。未具神識。妄自立說。二、詑於俗術偶中。其言。自憑臆見。三、詑於果得真傳。實見奥義。

之師。其著書也。說一半。藏一半。辭多隱約。不敢將天機秘妙。盡告世人。固不僅一行禪師。獨任其咎也。嘗慨地理書滿架滿輯。無一部可讀。亦無一部不可讀也。得四失六。得三失五。其可讀乎。然因失六。弃癈其四。因失五而無棄其三。又將何所憑藉。以為入道之門。其不可讀乎。

二卷終

地理辨正補義卷之三

杜陵蔣大鴻平階補註

豫章尹有本一句補義

青囊奧語

唐楊益筠松撰

楊公得青囊正訣紓其旨為奧語以元空之理氣用五行之星體而高山平地之作法已該括於其中然非得真傳口

垚。音遥、平見二蕭、土高貌。

元空大卦五行亦即挨星五行名異實同是姜

訣名索之章句之末。終不能辨。謂之奧語。誠哉其奥也。姜垚、汝皋氏注。

坤壬上元乙、巨門從頭出。艮丙下元辛位位是破軍。巽辰中元亥、盡是武曲位。甲癸上元申、貪狼一路行。

姜氏曰、挨星五行、即九星五行也。貪巨、祿文廉武破輔弼。一一挨去。故曰、挨星。元空大卦五行、亦即挨星五行。名異而實同者也。此五行、原本洛書九氣而上

氏使人領畧會心處觀幹維元運萬古而不能外可見也

祿星是天地流行之妙與時相合者吉與時相

應北斗主宰天地化育之道幹維元運萬古而不能外也此九星與八宮掌訣不同唐使僧一行作卦例以攝外國專取貪巨武為三吉其實非也夫九星乃七政之根原八卦乃乾坤之法象皆天寶地符精華妙氣鍾於其中分彼此比優劣真膚愚之識詭怪之談矣此是天地流行之妙與時相合者吉與時相背

背者凶。合前乾維元運兌分明有挨星妙用可悟。

細會豈惟三吉為吉即五凶亦吉豈惟四陽卦凶即四陰卦亦凶斯得元空大卦真訣妙義可見

一者凶故九星八卦本無不吉而有時乎吉本無有凶而有時乎凶所以其中有趨避真機妙用全須秘密耳真知九星者豈惟貪巨武為三吉即破祿文廉輔弼五凶亦有吉時真知八卦者豈惟坎離乾坤四陽卦為凶即震巽艮兌四陰卦亦有凶時斯得元空大卦之真訣矣與語首揭此章乃挨星條例坤壬乙訣

盡巨門。而與巨門為一例。艮丙辛、兆盡破軍。而與破軍為一例。此中隱然有挨星口訣。必待真傳人。可推測而得。一句子曰、挨星條例。奧語、止有十二。尚逸其半。宜補足以免遺漏。逸語云、子(上元)未卯(下元)、一三禄存倒。乾(中元)戌巳(下元)、文曲共廉次。寅庚丁、以倒作輔星。午酉丑、右弼七八九。見於蔣氏盤式。別有范宜賓乾坤法竅。

刊古楊盤式起星訛謬且入冊雜錯頗多文奚容醜詆葉九升耶第元空正運竟實具大學問不可疵議其或高人隱秘其說未可知也

左為陽、子癸至亥壬右為陰午丁至巳丙

姜氏曰、此節言大五行陰陽交媾之例如陽在子癸至亥壬則陰必在午丁至巳丙矣自子至壬、自午至丙路路有陽路路有陰。以此為式。須人自悟也。非拘定左邊為陽。右邊為陰。若陰在左边。陽又在右邊矣。亦可云左右。亦可云東西。亦可云前後。亦可云南北。皆不定之位。雌雄交媾。非有死法。故曰元空。

一勺子曰、左為陽、四維之左、為陽位。其挨法子癸至亥壬為順。壬亥至癸子為逆。右為陰、四正之左、為陰位。其挨法、內

巳至丁午為順午丁至巳丙為逆蓋陽以順為順以逆為逆陰以逆為順以順為逆也即四十八局用法

雌與雄交會合元空雌與雌元空卦內推

姜氏曰元空之義見於曾亭江南鄭注

一勺子曰所用之中五與旁照四極四七為經九德為緯俱可云雌所下之大卦即運斡地輿垂光乾紀七政樞機縱

只是雄但雌只有一路金龍是也雌有二路一山一水何必言故必求端於雌而雄自來交會若雄來交雌雌不能合雄是雌有雄之施而無雌之受必不能孕育化生則雌是死雌雄是孤雄謂之雌雄失度

山與水須要明此理水與山禍福盡相關

蔣氏曰山有山之卦氣水有水之卦氣

關陟一本作關涉

辨正補義

脫不得陰陽交媾之理。山有山之禍福。水有水之禍福。有山福而水禍。有山禍而水福。有山水皆福。有山水皆禍。互相關陟。品配為用。

一句乎曰、山川真性。意流峙應天星禍福蔭身骨。恰如印板文。故山水有形有理。有氣有數。必合形與氣理與數。而陽基陰宅。蔭及生人。則形即氣。則理即數。

不差毛髮。如印板文字。畫畫點點從板上印出相似。有是形。有是氣。有是理。有是數。即有是人。善善惡惡。一一從山水上應證出來。故曰、禍福盡相關。

明元空、只在五行中。知此法、不須尋納甲。

姜氏曰、九星五行大卦之法。只明元空二宅之義。則生死旺衰。瞭然指掌之間。不必尋乾納甲。坤納乙。巽納辛。艮納丙。

之天地父母。一行所造卦例矣。

一勺子曰。元空只是五行。五行却非元空。元空是統五行的。五行是明元空的。明得元空之作法。納甲雖為卦中元妙。不必尋之。非輕納甲。正重元空耳。

顛顛倒。二十四山有珠寶。順逆行。二十四山有火坑。

姜氏曰。顛倒順逆。皆言陰陽交媾之妙。

二十四山陰陽不一吉凶照定合生時則吉逢衰敗則凶山山皆有珠寶山山皆有火坑毫釐千里間不容髮非真得青囊之秘何能辨之乎

一句子曰顛倒順逆四字足蔽迎神出煞挨星反覆之妙珠寶火坑四字喻盡陽生陰死下卦得失之用俗術昧昧求珠寶乃得火坑布順逆真個顛倒不識

上元坎。中元巽。何以有火坑陰陽交媾錯用故也。

陰陽為何物。焉知交媾在何方。一味背指亂猜可憐也。彼反自詡講穴氣運。上元取坎。中元求巽。而不知坎巽之內。萬丈火坑深也。夫天地之機。吉凶同域。禍福倚伏。生死乘除。惟真得口傳者方知真顛倒。近日之講氣運者。都是自已顛倒走入火坑。不是天地顛倒。隱藏珠寶也。

認金龍之動

認金龍一經一緯義不窮動不動直待高人施妙用

姜氏曰易云乾為龍乾屬金乃指先天眞陽之氣無形可見者也地理取義於龍正謂此耳一經一緯即陰陽交媾之妙金龍之經緯隨處而有而動與不動去取分焉必其龍之動而妙用出焉者不動者不可用也金龍既屬無形從何

可認得認動處即知用法所以有待高人也歟

一勺子曰龍具五方之全本非一金可該也惟認得時遍地盡成黃金陌謂之神龍變化金光璀璨可也其飛騰在天金鱗盡是膏澤蓋天上之龍也躍浪在淵金不翻弄雷雨蓋水中之龍也或見於田而雨金則為平岡之龍或潛在谷

而隱金則為山龍之龍蓋龍無處不在
惟能認者能施妙用耳
第一義要識龍身行與止第二言來脈明
堂不可偏第三法傳送功曹不高壓第四
奇明堂十字有元微第五然前後青龍兩
相照第六秘八國城門鎖正氣第七奧要
向天心十道第八裁屈曲流神認去來
第九神任他平地與青雲第十真若有一

[illegible]

銘泄真情。

姜氏曰、上節言金龍之動不動。而此節騌項龍身行與止。學者不可忽也。蓋有動則有止。不動則雖有金龍。止云行龍。原無止氣。故高人妙用。以此為第一。有此一着。然後其餘作法。可次第而及也。來脉明。堂不偏。非謂來脉必與明堂直對。不可偏側。若如所云。則子龍必作午

着看

起頂二字宜着眼盖非脈穴也之宜高於龍虎

向亥龍必作巳向矣來龍結穴變化不一有直結者有横結者有側結者豈容執一楊公之意盖謂來脈自有來脈之受氣明堂自有明堂之受氣二者各乘生旺氣而收之不可偏廢也傳送功曹乃左右護龍星辰盖真龍起頂必高指護砂乃為正結若左右二星反壓本山非龍體之正矣平地亦然貼身左右有

高地掩蔽陽光房分不利俗術所不覺也十字元微乃裁穴定向之法雖云明堂貫從穴星內看十字明此十字則穴之上下左右向之偏正饒減盡於此矣其云元微誠哉其元微也歟前後青龍兩相照從案托龍虎定穴法者此義易知八國城門也八國有不滿之處是曰城門誥城門通正氣之出入而八國鎖

之觀其鎖定之方便知是何卦之正氣以察衰旺而定吉凶也故曰秘天心十道縣須入國城門而來蓋城門既定之八國之來踪而又當於穴內分清十道乃知入穴正氣廣狹輕重銖兩平衡之辨故曰與此兩節專言入穴測氣非論形勢也不然則與明堂十字前後青龍兩條不能於複乎屈曲流神已是合格之

地。然有此卦。來則吉。彼卦來則凶者。緊
以屈曲而用之、誤矣。須有裁度。乃可變
通。取用。故曰裁。以上、皆審氣之真訣。至
微至微者。一着不到。將有滲漏。而失真
情矣。平地高山。總無二法。上八句是各
一義。末二句、不過丁寧以囑之語。氣湊
泊、借成十節耳。
前六句、是說形勢。真與不真。七句八句。

接脉下宜着眼

是說理氣合與不合九句言高山平地一樣體法十句言必合上八法而後謂之真有一不合則非真而不可用矣明倒杖卦坐陰陽何必想

姜氏曰此以下二節專指山龍穴法與平地無涉世人拘執淨陰淨陽之說故二語破之倒杖非必如俗傳十二倒杖法此後人偽造也只接脉二字足盡倒

杖之。真訣。既知真脉。便知真穴。既得真穴。便有真向。自然之陰陽。已得。又何必淨陰淨陽之拘拘哉。

一句子曰。楊公晚年扦穴。不掛氣線。即以手中所執之杖。指定氣之所從。受正最捷最簡之法。世人遂神其說。而有十二倒杖。胡猜亂指耳。

識掌模太極分明必有圖。

合得三卦。又合得三元旺位者。謂之生。反是者謂之魁。明三元氣運之生旺方謂之知化。

姜氏曰山龍真穴必有太極暈藏於地中。此暈變化不同。而其理則一。非道眼孰能剖露哉。

知化氣生剋制化須熟記。

姜氏曰生旺之氣為生。衰敗之氣為魁。扶生旺之氣。豚衰敗之氣是為制化。此一節兼平地而言。

一句子曰生物之氣為化。死物之氣亦

為化能制化是古仙轉移造化之妙。

說五星方圓尖秀要分明。

一句子曰、方是土。員是金。尖是火。秀則直木也。不言飛者。水星只是行龍作穴作朗不取。

曉高低星峯須辨得元微。

一句子曰、要辨星峯元微。須知青囊中篇。其高低方員尖直。大小厚薄。明暗美

星峰之形勢既辨其情意與妙理尤宜辨清

惡看星峰之形勢須辨其清濁背面來去朝應晶光顏面看星峰之情意須辨其四七爲經五德爲緯一經一緯妙義不窮生剋制化精理奧窔看星峰之妙理須辨其曰元微誠哉其元微也姜氏得傳水龍故此節關注其慎如此

鬼與曜生死去來真要妙

姜氏曰以上三節皆論山龍形體不須

盡龍者真龍之盡結也

另解。鬼曜之生死去來。是辨龍。穴之。要着。也。龍之轉結着。背後必有鬼有穴星如許長。而鬼亦如許長着。俗眼難辨。有反在鬼上求穴着。不知穴星是來脈為生。鬼身是去。脈。為死。察其去來而真偽立辨矣。盡龍左右龍虎都生曜氣。向外反張。有似乎砂之飛走着。此真氣有餘直冲。止。前。而餘氣。帶。轉。如人當風振臂。

衣袖飄揚反向後也。在真龍正穴則為曜氣。在無有穴之地。則為飛砂。此其辨在龍穴。而不在砂也。

一句子曰、鬼生。有穴可登。曜生。有穴亦可葬。惟無穴而生去死來。則不可葬耳。

向放水生旺有吉休囚否。

姜氏曰、向中放水。世人莫不以來水特朝為至吉。去水元辰走泄為至凶。殊不水運之生旺。是三元。水。運。之。生。旺。

新[illegible]

知向上之水。不論來去。若合生旺則來囚。吉。去亦吉。若逢休囚。則去囚凶。来亦凶。楊公因向上之水。關係尤際。其說最能誤人。故特辨之。一句予曰此以水運之生旺休囚辨吉。凶也。

二十四山分五行。知得榮枯死與生。翻天倒地對不同。其中秘密在元空。認龍立向。

眞分。明。在人仔細辨。天。心。天心既辨穴何難。位把向中放水看。從外生。入。名。為進。定消財寶積如山。從內生。出。名。為退。家內錢財皆擛盡。生入。剋。入。各。為旺。子孫。富。官。盡。富貴。

姜氏曰、元空大卦之妙。只翻天。倒地。對。不。同。七。字。二十四山既定五行則榮枯生死。宜有一定矣。及其入用。有用於此

奧語十六

時則吉有用於彼時則凶者時之對不同者其一也有用之此處則吉有用之彼處則凶者物之對不同者又其一也此其秘密之理非傳心不可天心即上文第七與之天心另有辨法非時師所謂天心十道也若如時師之說又何用仔細耶天心辨則穴中正氣已定而攙其機者在穴中所放之水也從外生入

山運之衰敗方。正水運之生旺方。此云水又在衰敗方。正是在山運之衰敗方。既是在水運之生旺方。也

從內生出。此言穴中。所向之氣也。我居於衰敗。而受外來生旺之氣。所謂從外。生入也。我居於生旺。而受外來衰敗之氣。似乎我反生之。故云從內生出也。此言穴中所向之氣。穴中既有生入之氣矣。而水又在衰敗方。則水來剋我。適所以生我也。內外之氣一生一剋。皆成生旺。兩美相合。諸福畢臻。所以高官富貴。

輿語十七

以三元論。

有異扵常也。此其中正有對不同者存焉。舊注、小元空、水生向剋向為進神。向生水剋水、為退神。訣是。一勺子曰：我居扵衰敗。而受外来生旺之氣。我居扵生旺。而受外来衰敗之氣。此二局耳。未足以窮山川之變。余見有我居扵生旺。而不受外来衰敗之氣者。有我居扵生旺。而不受外来衰敗之氣。

生旺衰敗。原是活潑潑的。總不出相地乘時之中。蓋隨地立局。因時爲用。此中宜具精心也。

亦不得我居生旺之氣者。有我居於生地。却不得本身生氣。而得旁卦旺氣者。有我居於生地。不得本身生氣。而得旁來衰氣死氣者。有我居於衰敗。而不受衰敗之氣者。有我居於衰敗。而不受衰敗之氣。亦不得外來生旺之氣者。有我居於衰敗。却不受衰敗之氣。而得旁卦生氣旺氣者。有我居於衰敗。不受本身

衰敗之氣却来旁卦死氣煞氣着是不一格略舉數隅餘可類推

脉息生旺要知因龍歇脉寒災禍侵縱有他山来救助空旁祿馬護龍行

姜氏曰此下二節總一篇之意言先尋龍脉以定穴之有無次論九星以辨穴之吉凶也此一節先言形体而以来龍之脉息為重外砂之夾護為輕

一句子曰脉息生旺此龍可用龍歇脉寒則不可用用之必生災禍然此中有顛倒之法寓焉吾見脉息生旺扦之而災禍侵着矣甚哉非天地之好為顛倒抑時師之自顛自倒而不知順受天地之正耳

勸君再把星辰辨吉凶禍福如神見識得此篇真妙微又見郭璞再出現

[illegible]卷二　與語十九

看耳把捩星。訣細審衰旺。生死而後可趨吉。而避凶。轉禍而爲福。句捩星妙訣。當有會也。

姜氏曰、此一節乃言卦氣。而以九星大五行爲主。言如上節所云。雖得來龍脉息之眞穴。而吉凶禍福。尚未能取必。勸君再把捩星訣。細審衰旺生死。而後可趨吉而避凶。轉禍而爲福。一篇之旨。不過如此。苟能識其微妙。前賢與後賢。一般見識。一般作用。青囊三卷。更無餘義矣。

姜氏總論曰：楊公山崗其言元空大卦，挨星五行，即青囊經上卷陽生於陰之義，而下卷理寓於氣之妙用也。其言倒杖太極暈五星脉息，即青囊經中卷形止氣蓄之義，而下卷氣囿於形之妙用也。一形一氣，括盡青囊之旨，而究其元機正訣，如環無端，不可捉摸，謂之曰奧語，宜哉。

奧語終